DICTIONNAIRE

DES

USAGES RURAUX ET URBAINS.

DICTIONNAIRE

DES

USAGES RURAUX ET URBAINS

POUR TOUS LES CANTONS

DU RESSORT DE LA COUR D'APPEL D'ANGERS

(MAINE-ET-LOIRE, MAYENNE, SARTHE)

AVEC LE TEXTE DES LOIS LES PLUS USUELLES

PAR

A. ROBERT & E. GASTÉ

AVOCATS.

ANGERS

E. BARASSÉ, IMPRIMEUR-LIBRAIRE

rue Saint-Laud, 83.

—

1872

LECTURE PRÉLIMINAIRE.

Le législateur s'est borné à formuler dans nos Codes des principes généraux, susceptibles de développements pratiques, suivant les lieux et les circonstances. Prévoir tous les détails était œuvre impossible.

Aussi, souvent il nous renvoie à l'*usage local*.

Article 1159 du Code civil. — « *Ce qui est ambigu s'interprète par ce qui* EST D'USAGE *dans le pays où le contrat est passé.*

Art. 1160. — *On doit suppléer dans le contrat les clauses qui y* SONT D'USAGE, *quoiqu'elles n'y soient pas exprimées.* »

Ainsi, pour l'homme d'affaires comme pour le propriétaire, ce n'est pas assez de connaître les lois générales ; il ne peut ignorer les usages particuliers qui les complètent.

C'est assez récemment, néanmoins, que vint l'idée de les classer, de les arrêter et de les traduire dans une forme nette et précise. On ne trouve, avant l'année 1845, du moins dans le ressort de la Cour d'Angers, aucun document authentique : les usages n'existaient alors qu'à l'état de traditions orales. Il en résultait de nombreux inconvénients, surtout dans le voisinage de pays appliqués à des cultures différentes.

Les agriculteurs de Châteaugontier consignèrent, les premiers, dans un recueil, les meilleurs méthodes d'exploitation et les coutumes les plus accréditées.

Cet exemple fut suivi par quelques cantons du même arrondissement (Craon, Cossé-le-Vivien, Saint-Aignan) et par l'arrondissement de Segré (Maine-et-Loire).

Leurs travaux, il est vrai, ont subi des modifications notables ; mais l'importance s'en trouvait démontrée. En février 1855, le ministre de l'Agriculture prescrivit aux préfets d'organiser, dans chaque canton, une commission chargée de rassembler et de rédiger les usages ayant obtenu, par leur généralité, force de loi.

Ces commissions, recrutées parmi les hommes les plus autorisés, à raison de leur position et de leurs relations, fonctionnèrent sous la présidence des juges de paix.

Leur mission remplie, un comité supérieur, réunissant magistrats, avocats, avoués et notaires, révisa et approuva les procès-verbaux qui sont demeurés, manuscrits, aux archives du département et sur le bureau du juge cantonal.

Un très-petit nombre a été publié.

Et ce sont seulement quelques-unes des rares déci-

'sions imprimées que M. Quris essaya, en 1862, de résumer arbitrairement dans un projet de Code rural. Il espérait ainsi en faciliter l'application, en simplifier l'étude et les ramener à l'unité.

Nous n'avons pas cru devoir le suivre dans cette voie.

Chercher à comprendre en une codification générale des règles si diverses et parfois opposées sur le même objet, c'est consentir à négliger toutes celles qui ne se conformeront pas au type choisi.

Acceptant donc nos usages, *tels qu'ils ont été déterminés par les commissions officielles*, nous avons voulu seulement les grouper, sans exclusion aucune, dans un classement raisonné et comparatif.

La forme de *Dictionnaire* que nous préférons, économisera et le temps des recherches, par l'ordre alphabétique, et les pages du Manuel, en évitant les répétitions oiseuses (1).

Chaque article offre une sorte de tableau synoptique où se retrouvent les procédés, les habitudes et les préoccupations de toutes nos campagnes : le rapprochement en est intéressant et instructif. Evidemment, au point de vue de l'économie agricole,

---

(1) C'est avec cette même pensée que nous avons employé dans l'exposé des *usages* une concision peut-être excessive : nous avons été avares de mots, espérant que par le classement des matières et leur disposition typographique, les détails se présenteraient au lecteur avec une suffisante netteté.

les usages qui régissent la même matière sont de valeur inégale : les plus raisonnables se rencontrent ordinairement avec la majorité des cantons, mais la minorité n'a pas toujours tort. Les agriculteurs pourront étudier fructueusement cette rivalité que notre méthode rend visible et saisissante. On lui devra encore un avantage, c'est une statistique assez exacte et variée : si, par exemple, à l'occasion d'un détail de culture, de récolte ou d'exploitation, certain canton est muet, c'est que souvent ce détail n'y trouve pas d'application notable (1).

Ce livre modeste a nécessité une tâche longue et ingrate, mais c'était une œuvre utile, et nous l'avons menée consciencieusement jusqu'au bout.

En l'offrant au public, nous ne devons pas lui cacher les lacunes et les inexactitudes que nous y avons laissées, à notre grand regret.

En effet, les procès-verbaux que nous avons compilés ont déjà quinze ans de date — et beaucoup d'usages ruraux ont suivi les progrès agricoles : les assolements surtout ne sont plus reconnaissables.

Nous avons prié *tous* les juges de paix de nous

---

(1) Il faut avouer, néanmoins, qu'on peut reprocher à un bon nombre de procès-verbaux, et notamment à ceux de l'arrondissement de Saumur, des omissions déplorables ; il en est qui n'ont que deux ou trois pages, alors que les autres en contiennent trente et quarante. La négligence de certaines commissions eût été impossible si, comme dans la *Sarthe*, elles avaient dû répondre à un questionnaire complet, sorte de guide très-intelligemment préparé à la préfecture du Mans.

signaler, en marge de la copie de leurs usages, ces modifications importantes.

Il en est qui n'ont pas cru devoir ou pouvoir nous répondre.

Plusieurs d'entre eux même ont constaté que cette copie était perdue. Et nous avons été obligés de prendre aux archives d'Angers, du Mans et de Laval les documents qui nous manquaient.

Beaucoup d'experts ont bien voulu nous envoyer des indications exactes sur de nouveaux usages; mais comme elles n'avaient pas de caractère officiel, nous avons dû les négliger dans cette édition. Nous espérons bien nous en servir plus tard, quand ces renseignements auront été complétés, c'est-à-dire recueillis et contrôlés dans tout le ressort.

Nous tenons à remercier ici M. le Procureur Général de la Cour d'Angers et M. le Préfet du Mans qui, dans la pensée d'être utiles, nous ont facilité l'exécution de ce travail par une intervention bienveillante.

Nous ne devons pas oublier non plus M. Port, archiviste de Maine-et-Loire; M. Bellé, archiviste du Mans ; M. Duchemin, archiviste de Laval, qui nous ont prêté un secours aussi intelligent qu'obligeant.

A chacun ce qui lui appartient.

Après avoir collationné péniblement les procès-verbaux de *Maine-et-Loire* et de la *Mayenne*, en

réunissant dans chacun de nos articles les prescriptions si diverses de ces départements, nous avons été
joyeusement surpris de trouver cette besogne à peu
près faite pour la Sarthe, aux archives du Mans.

M. Trébous, ancien notaire, bien avant nous et à
notre insu, avait pensé à cette forme de dictionnaire
si simple et si commode, et il a consacré une partie
de sa vie à grouper les usages de la Sarthe sur un
énorme manuscrit, dans l'ordre alphabétique.

Nous n'avions plus guère qu'à diviser davantage
son classement, en élaguant les redites inutiles et les
détails tombés en désuétude.

C'est une des raisons qui nous ont décidé à distri-
buer notre ouvrage en deux parties.

Nous avons voulu rendre hommage à son travail
en ne l'émiettant pas dans le nôtre.

A. R. — E. G.

ABRÉVIATIONS ET INDICATIONS

EMPLOYÉES DANS LA PREMIÈRE PARTIE DU DICTIONNAIRE.

M. L.	*lisez :*	Maine-et-Loire.
M.	—	Mayenne.
Arr^t	—	Arrondissement.
Châteaugontier. . .	—	Tous les cantons de cet arrond.
Laval.	—	—
Segré.	—	—
Mayenne. , . . .	—	Les deux cantons de Mayenne.
Mayenne (arr^t). .	—	L'arrondissement de Mayenne.
C^{ton}.	—	Canton.
Angers N.-E. . .	—	C^{ton} Nord-Est.
Angers N.-O. . .	—	C^{ton} Nord-Ouest.
Angers S.-E. . .	—	C^{ton} Sud-Est.
Saumur S. . . .	—	C^{ton} Sud.
Saumur N.-E. . .	—	C^{ton} Nord-Est.
Saumur N.-O. . .	—	C^{ton} Nord-Ouest.
Thouarcé r. d. . .	—	Rive droite du Layon.
Thouarcé r. g. . .	—	Rive gauche du Layon.
Hérit. rur. . . .	—	Héritages ruraux.
Hérit. urb. . . .	—	Héritages urbains.
Col. part.	—	Colonie partiaire.
Myriam.	—	Myriamètre (10 kilomètres).
Kilom.	—	Kilomètre (1/4 de lieue).
Kilog.	—	Kilogramme (2 livres).
Hectol.	—	Hectolitre (100 litres).
V.	—	Voyez.
C. C.	—	Code civil.
C. P.	—	Code pénal.
Id... ou *trois points*	—	Même usage ou même explica-tion que dans l'alinéa précédent

Les noms d'arrondissements et de cantons qui suivent un usage, indiquent que ces arrondissements ou ces cantons l'adoptent.

Les numéros placés entre parenthèses, par exemple (1), renvoient à la note au bas de la page, qui mentionne un détail complémentaire accepté par le canton qui précède le numéro.

Le chiffre non renfermé dans une parenthèse, représente le numéro de l'article du procès-verbal cantonal d'où la décision est tirée.

Dans les grands articles où se trouvent des divisions et des subdivisions, elles sont indiquées par la grosseur décroissante des caractères typographiques.

DICTIONNAIRE

DES

USAGES RURAUX ET URBAINS

POUR

LES CANTONS DES DÉPARTEMENTS

DU

RESSORT DE LA COUR D'APPEL D'ANGERS

MAINE-ET-LOIRE, MAYENNE ET SARTHE.

PREMIÈRE PARTIE

MAINE-ET-LOIRE ET MAYENNE

A

ABATTAGE (Droit, conditions d'). — *V.* Arbres.

ABEILLES (en fuite). — « Le propriétaire » d'un essaim a le droit de le réclamer et de s'en » ressaisir tant qu'il n'a pas cessé de le poursuivre ; » autrement, l'essaim appartient au propriétaire du » terrain sur lequel il est fixé. » Loi du 28 septembre et 6 octobre 1791, art. 5.

— Trouvées sur le terrain d'autrui, elles se partagent (ou leur valeur) entre l'inventeur et le propriétaire (ou le fermier) du fonds où elles se sont arrêtées.

M. L. — Beaupréau.

— **Propriété** (col. part.). — Elles restent en totalité au colon, à moins qu'elles n'aient été placées sur la ferme par le propriétaire et qu'elles ne soient immeubles par destination.

Cantons de M. L. et de la M.

— *V. Ruches.*

ABIÉNAGE. — Abandon du regain des prairies à une personne, à la condition qu'elle fauchera, fanera et mettra les foins en veilloches.

M. L. — St-Georges.

ABREUVOIR. — **Curage,** à la charge du fermier.

M. L. — St-Georges.

— De tous ceux qui en profitent.

M. L. — Beaupréau.

— Fait une fois dans le cours d'un bail.

M. L. — Baugé.

— Dans l'année de sortie, en novembre, par le fermier sortant.

M. L. — St-Georges.

V. Boues.

ACCENS (col. part.). — On paie souvent en grains le taupier, le cribleur, le maréchal, etc., suivant une espèce d'abonnement, nommé accens.

Le grain est prélevé, avant le partage, sur la portion commune.

M. L. — Segré.

AFFERMAGE (hérit. rur.). — Deux modes : à *prix d'argent,* avec ou sans redevances ; à *moitié fruits* ou colonie partiaire.

Pour détails : *V. articles spéciaux.*

AIL SAUVAGE. — Destruction, avant la maturité des graines, à la charge du fermier.

M. L. — Chemillé.

V. **Plantes et herbes nuisibles.**

AIRE (batuelle). — Emplacement destiné au battage des grains.

— Le **fumier** pour graisser l'aire est fourni par le fermier *entrant* au *sortant* qui, dans l'*année de recours,* vient battre son arrière-récolte.

M. L. — Champtoceaux, Chemillé, 144 ; Montfaucon, Montrevault, 19.

— **Redressement** du sol, aplanissement de la surface de l'aire, à la charge du sortant.

M. L. — Angers S.-E., 27.

AIRE (maisons et bâtiments).

— **Nivellement** à hauteur du seuil, à la charge du fermier, pour appartements non carrelés.

M. L. — Baugé, Beaupréau, Seiches.

— **Réparations** aux frais du fermier.

M. L. — Angers S.-E., 53 ; N.-O., Briollay, Chalonnes, Champtoceaux, Chemillé, St-Florent, Gennes, St-Georges, Louroux, Montrevault, Noyant, Ponts-de-Cé, Thouarcé, Vihiers.
M. — Tous les cantons.

AJONCS. — Consommation doit s'en faire sur place.

Le fermier ne peut ni les vendre ni les enlever.

M. L. — Angers N.-E., N.-O. ; Durtal, 83 ; Chalonnes, 11 ; St-Georges, 34 ; Louroux, 35 ; P.-de-Cé, 5 ; Segré, 10.
M. — Châteaugontier, 7 ; Laval, 10 ; Mayenne.

— **Coupe** à 5 ans.

M. L. — Montfaucon.

ALLOUÉ. — Nom donné, soit au journalier qui s'engage à travailler un certain nombre de jours par semaine ou par mois, durant l'année entière, soit à celui qui paie par des journées de service la location d'un objet quelconque.

— **Choix des journées**, à défaut de conventions, appartient à l'alloué.

— **Inexécution** de l'engagement (total ou partiel) donne droit à une indemnité et entraîne la résiliation de la location consentie.

M. — Landivy.

AMÉNAGEMENT. — Règle suivie dans une localité pour la coupe des bois.

V. **Taillis.**

ANNÉE de **RECOURS**. — Celle qui suit la sortie du fermier et dans laquelle il revient faire son arrière-récolte.

ANNÉE (Dernière). — Le fermier doit diriger son exploitation, l'année de sortie, comme si la jouissance devait être continuée. C'est sur ce principe, qu'en cas de difficultés, on apprécie les torts dus à sa négligence ou à sa mauvaise volonté.

Pour ses rapports avec le fermier entrant, *V. les articles spéciaux.*

ANTICIPATIONS. — « Le preneur d'un bien
» rural est tenu, sous peine de tous dépens, dommages
» et intérêts, d'avertir le propriétaire des usurpations
» qui peuvent être commises sur les fonds. Cet aver-
» tissement doit être donné dans le même délai que
» celui qui est réglé en cas d'assignation suivant la
» distance des lieux. » Code civil, art. 1768.

« Si le locataire ou le fermier ont été troublés dans
» leur jouissance par suite d'une action concernant

» la propriété des fonds, ils ont droit à une diminu-
» tion proportionnée sur le prix du bail à loyer ou à
» ferme, pourvu que le trouble et l'empêchement
» aient été dénoncés au propriétaire. » Ibid., art. 1726.

— Le fermier est responsable des anticipations commises sur les propriétés, s'il ne les a pas dénoncées au propriétaire dans les deux mois de leur perpétration.

M. L. — St-Florent, 23.

APPARTEMENTS (meublés ou non).
— Pour la durée du bail, *V.* **Baux.**
— Pour l'époque du congé, *V.* **Congé.**

APPENTIS. — Entretien et réparations..
V. **Loges.**

ARBRES et **ARBUSTES.** — (**Abattage** *droit d'*). — Interdit au fermier. Il appartient au propriétaire qui l'exerce, à son gré, sur tous les arbres de la ferme, avec certaines restrictions. Cependant indemnité est due, toujours et partout, au fermier pour les dommages occasionnés dans les clôtures ou dans les récoltes, par la chute des arbres. (Disposition communément acceptée.)

Le propriétaire ne peut abattre :
— Les arbres *fruitiers* et *taillables.*

M. L. — Cholet.
M. — Mayenne (arr[t].).

— Les *fruitiers* greffés et les *noyers.*

M. L. — Louroux.
M. — Châteaugontier, 33; Laval, 35.

— Les *taillables.*

M. L. — Angers N.-E., Chemillé, Montfaucon.

— Il peut les abattre dans la limite de ses besoins.

M. — Ambrières, Mayenne.

— A la condition d'en laisser la chevelure au fermier.

M. L. — Champtoceaux, Louroux, 20; Montrevault, 14.

— Il lui faut de plus le consentement du fermier.

M. L. — St-Georges, 20.

— Le droit d'*abattâge* est interdit au propriétaire qui ne peut ni abattre ni planter d'arbres, s'il ne s'en est réservé le droit, et, même dans ce cas, il est tenu d'indemniser le fermier, à moins qu'il ne s'agisse d'arbres à haute tige.

M. L. — P.-de-Cé, 18, 21.

— **Enlévement** (*arbustes des jardins*).

Le locataire peut, lors de la cessation du bail, enlever les rosiers et autres arbustes d'agrément qu'il a pu complanter en pleine terre, à moins que le propriétaire ne veuille les conserver, auquel cas il est obligé de payer une indemnité fixée à l'amiable ou à dire d'experts. (Même droit pour les plantes en pot.)

— Jardiniers, pépiniéristes et fleuristes ont, par exception, la faculté de disposer à leur gré des plants destinés à la vente dont ils ont garni les jardins.

— Quant aux grands arbres d'agrément ou d'ornement, les eût-il même plantés, le locataire ne peut jamais les enlever ni les détruire.

M. L. — Angers S.-E., 124, 127.

— **Fruitiers**. — **Dommage** causé par les gens de la ferme et par les bestiaux. Le fermier en est responsable.

M. L. — St-Georges.
M. — Gorron (1).

---

(1) Dans ce canton, les fruitiers endommagés se paient : âgés de moins de 5 ans, 3 fr. ; et au-delà, 5 fr.

— **Entretien**. — Binés deux fois par an, au printemps et à l'automne.

— **Remplacement** à la charge du fermier qui les
bêche une fois par an et les greffe en temps convenable.

M. L.— Cholet.

Plants à la charge du propriétaire qui, en compensation, a le bois mort.

M. L. — Angers S.-E.
M. — Couptrain.

— **Mitoyenneté.** — « Les arbres qui se trouvent
» dans la haie mitoyenne, sont mitoyens comme la
» haie ; et chacun des deux propriétaires a droit de
» réquérir qu'ils soient abattus. » Code civil, art.
673.

Dans les haies non mitoyennes, sont mitoyens :
(haies plates) les arbres dont le centre ne se trouve
qu'à 0 m. 50 (maximum) du maître de haie;

(Haies à talus) ceux dont le centre se trouve sur
le pas de bœuf.

M. L. — Durtal, 49-52.

— **Morts** ou **Brisés.**
— **Attribution.** — Au propriétaire.

M. L. — Angers N.-E., S.-E.
M. — Mayenne (arr¹).

— **Remplacement.** — A la charge du fermier.

M. L. — Chalonnes, 21.

V. **Bois mort.**

— Dans les jardins non dépendant d'une maison,
le propriétaire fournit les sujets nouveaux, le locataire les plante.

M. L. — Angers N.-E.

— **Mutilation et Perforation.** — « Quiconque
» aura abattu un ou plusieurs arbres qu'il savait ap-
» partenir à autrui, sera puni d'un emprisonnement

» de six jours à six mois à raison de chaque arbre,
» sans que la totalité puisse excéder cinq ans.

» Les peines seront les mêmes à raison de chaque
» arbre *mutilé, coupé* ou *écorcé*, de manière à le faire
» périr.

» S'il y a ici destruction d'une ou de plusieurs
» greffes, l'emprisonnement sera de six jours à deux
» mois à raison de chaque greffe, sans que la tota-
» lité puisse excéder deux ans. » Code pénal, art.
445, 446, 447.

— **Interdites au fermier,** même pour faciliter l'appui
des clôtures.

M. L. — Montfaucon.

V. **Baliveaux, bois, émondes, gourmands, greffes, gui,
pépinières, plantations, renaissances, sauvageons, etc.**

ARCHETS (dagues ou **courants).** — Branches que le vigneron laisse, en taillant la vigne, pour
les recourber plus tard vers le cep auquel il les atta-
che, afin d'obtenir plus de fruits.

— On les prend au milieu de la souche autant que
possible.

M. L. — Beaufort.

— Cette pratique n'existe que dans les petits crus.

M. L. — Ponts-de-Cé.

— **Quantité.** — 60 par hectare, au plus.

M. L. — Beaufort.

Nombre des boutons des archets : 6 ou 7.

M. L. — Ponts-de-Cé.

V. **Vignes.**

ARDOISES (Pour réparation des toitures).
— Le fermier va les prendre au port ou au magasin
le moins éloigné.

M. L. — Chemillé, 7 ; Segré.

M. — Laval.

— Jusqu'à distance d'un myriamètre.

M. — Châteaugontier, 5.

— Au chef-lieu de canton, s'il n'y a pas de dépôt plus rapproché.

M. — Ernée, 7.

V. **Matériaux** (transport).
V. **Ouvriers** (ardoisiers).

Vente. — La commission des ardoisières d'Angers donne 104 ardoises pour cent.

ARRHES (ou DENIER-A-DIEU). — Le maître qui loue un domestique lui donne, avant l'entrée en service, afin d'assurer l'exécution de l'engagement, une certaine somme nommée *arrhes.* Elle constitue, tantôt un *à-compte* sur le prix du gage, tantôt une *gratification supplémentaire.*

— Elle est considérée comme **A-compte.**

M. L. — Angers N.-E , N.-O., S.-E., 130 ; Briollay, Durtal, 63 ; St-Florent, 3 ; Louroux, 98 ; Montfaucon, Montrevault, Ponts-de-Cé, 45 ; Segré, 105.

M. — Bais, Châteaugontier, Couptrain, Gorron, Hops, Landivy, Laval, Lussay, Villaines.

— Comme **Gratification** supplémentaire.

M. L. — Chemillé, Cholet.

M. — Ambrières, Mayenne.

— **En cas de difficultés,** on les fait valoir dans le calcul des indemnités.

M. L. — Beaufort, St-Georges.

M. — Châteaugontier, 31 ; Laval, 106 ; Mayenne (arr^t).

— On ne les compte pas.

M. L. — Chemillé, 100.

— **Quotité.** — Le *Denier-à-Dieu* ne doit pas dépasser le vingtième (cinq du cent) du gage annuel.

M. L. — Noyant.

1.

ARRIÈRE-RÉCOLTE (ou **ARRIÈRE-LEVÉE**). — Ensemencés que le fermier *sorti* a laissés dans la ferme et qu'il vient recueillir dans l'année de recours, suivant des époques et des conditions déterminées. *V.* **Récoltes.**

— Fonds soumis à l'arrière-levée. *V.* **Métairies, closeries, closeaux, terres volantes.**

ASSOLEMENT (1). — Pour ne pas épuiser le sol, on a reconnu, dans les grandes exploitations agricoles, la nécessité de ne point appliquer invariablement les mêmes fonds aux mêmes cultures. L'expérience et la science ont indiqué l'ordre qu'il était bon d'observer, suivant la nature et la fécondité des terres : cet ordre se nomme l'*assolement*. Et l'on appelle *rotation* le retour régulier, après plusieurs années, d'une semence sur son premier champ.

Enfin, l'on dit qu'une métairie est soumise à tel *assolement*, c'est-à-dire, qu'elle est partagée en deux, trois, quatre (ou un plus grand nombre) de divisions générales ou *soles*, selon que la culture de divers genres ou de diverses espèces de plantes y est admise chaque année. Et l'on désigne chaque *sole* sous le nom de la plante cultivée dans chacune des divisions, comme *la sole du froment, celle de l'avoine ou de l'orge, la sole du sarrazin, celle du trèfle* ou des racines fourragères, etc.

— **Dessolements** ou **changements** *d'assole-*

---

(1) Nous ne rapportons dans cet article que les règles relevées dans les procès-verbaux des commissions cantonales Depuis quinze ans, elles ont beaucoup changé dans la pratique, grâce aux progrès de la culture. C'est sur ce point, surtout, que les usages se sont modifiés. Nous n'avons pas cru devoir consigner ici les indications qui nous ont été obligeamment communiquées, attendu qu'elles n'ont reçu aucune sanction officielle.

ments. Ils ne peuvent avoir lieu qu'avec l'agrément du propriétaire.

M. L. — Angers N.-E. (1), Beaufort.

— Si, au cours du bail, et *seulement pour des motifs graves*, le fermier n'a pas suivi les assolements du lieu, il doit les ramener, à sa sortie, dans l'état où ils devaient être.

— Dans le *bail à moitié fruits*, il faut le consentement mutuel du propriétaire et du colon.

M. L. — Durtal, 11.

— **Distinction** *des assolements suivant les exploitations.*

— **Borderies** (perte-à-col). — Le fermier est tenu seulement de ne pas ensemencer chaque année la totalité des terres.

M. L. — Chemillé, 63.

— **Closeaux.** — *V.* ce mot.

— **Closeries**. — Comme dans les métairies.

— **Métairies.**

— Il est *Biennal* (2 ans).

M. L. — Angers N.-E., Beaufort (pour les métairies de la vallée d'Authion), Gennes.

— *Triennal* (3 ans).

M. L. — Angers N.-E., Baugé, Beaufort, Beaupréau, Doué (2), Gennes, St-Georges, 26 ; Louroux, Montfaucon, Montreuil-Bellay, Noyant, Ponts-de-Cé, 10 ; Segré, Seiches.

M. — Ambrières, Mayenne.

— *Quadriennal* (4 ans).

M. — Ernée, Landivy, Villaines.

---

(1) Par exception, le fermier est autorisé à semer des céréales d'hiver là où les céréales de printemps n'ont pas réussi,

(2) Ou biennal.

— *Sexennal* (6 ans).

M. — Couptrain, Gorron, Horps, Lassay, Pré-en-Pail.

— Dans le cours de son bail, le fermier n'est assujetti à suivre aucune rotation ; mais en sortant, il laisse ses terres ainsi assolées : un tiers en froment, un tiers en friche ou pacage, un tiers en labour de levaille (une seule errure).

M. L. — Cholet, 14.

— **Terres volantes.** — Elles sont cultivées comme bon semble au fermier, sans qu'il puisse cependant en changer la nature.

M. L. — Angers N.-E. et N.-O., Baugé, Chalonnes, 36 ; Chemillé, 67 ; Durtal, 180 ; St-Florent, 43 ; St-Georges, 46 ; Louroux, 50 ; Segré, 88 ; Seiches, Thouarcé (1), Vihiers, 72.

M. — Tous les cantons.

— Elles peuvent recevoir semence chaque année, mais elles ne peuvent être semées en retour.

M. L. — Beaufort.

— Elles sont soumises à l'assolement (la dernière année de jouissance), lorsqu'elles comprennent au moins trois champs quelle qu'en soit la contenance, ou une étendue de trois hectares, quel que soit le nombre des champs.

M. L. — Cholet.

— Pour plus de détails, *V.* **Ensemencés.**

ASSURANCES (col. part.). — Le propriétaire et le colon doivent s'entendre sur le choix de la compagnie pour assurer bestiaux et récoltes.

M. L. — Noyant.

ATRES (hérit. rur.), *V.* **Foyer.** (Hérit. urb.) *V.* **Cheminée.**

---

(1) S'il n'y a pas d'assolement établi sur le lieu.

AUBÉPINE (Coupe des haies d').

— Age. — 5 ans.

M. L. — Noyant, Seiches, Thouarcé.

— Date. — Avant le 1er mai.

M. L. — Noyant.

— Avant le 10 avril.

M. L. — Seiches.

V. **Haies** (pour la majorité des cantons qui ne distinguent pas les essences dans la taille).

AUGES (Entretien). — *V.* **Rateliers** (mêmes usages).

AVOINE. (Chaumes d').— *Hauteur de la coupe :* ras terre.

M L. — Angers S.-E., 56.
M. — Mayenne (arr¹).

—Culture.—*Interdite* au fermier, même *au cours* de son bail.

M. L. — Montfaucon.

— *Interdite* au fermier *sortant.*

M. L. — Champtoceaux, Doué, Montrevault.

— Il est *Interdit* au fermier entrant de semer du trèfle dans l'avoine ou l'orge du sortant, même en offrant une indemnité.

M. — Pré-en-Pail.

— Ensemencé (*avoine ou orge*).

ÉPOQUES :

Du 1er février au 25 mars.........	Ernée.
Du 15 — au 15 —	Laval.
Du 1er mars au 23 avril.........	Bais.
Du 1er — au 30 —	Pré-en-Pail.
Du 15 — au 15 —	Gorron.
Du 15 — au 21 —	Horps.
Du 1er — au 1er mai.........	Ambriéres, Mayenne.

— **Etendue** des terres ensemencées en avoine ou orge (1). — Un *douzième* au moins, un *sixième* au plus des terres arables (2).

M. — Châteaugontier, 11 ; Laval, 16.

— *Un neuvième.*

M. — Ambrières.

— *Un sixième.*

M. L. — Durtal.
M. — Couptrain, Gorron, Horps, Mayenne, Pré-en-Pail (3).

— *Un quart.*

M. — Ernée, Landivy, Villaines.

— *Un tiers.*

M. L. — Baugé, Gennes.

— **Fumure.** — *V.* **Fumier.** N'est pas obligatoire.

M. — Bais, Couptrain (4), Horps.

— **Pailles** (Attribution des). — Elles doivent être laissées intactes par le fermier sortant.

M. L. — Angers N.-O., Chemillé, 43 ; St-Georges, 44 ; Segré, 50 ; Thouarcé, r. g.
M. — Châteaugontier, 46.

— Elles se partagent : un tiers au sortant, deux tiers à l'entrant.

M. L. — Angers N.-E., S.-E., Thouarcé, r. d.

— **Sarclage.** ÉPOQUE :

— Avant le 20 juin.

M. — Gorron, Horps (5).

---

(1) La mesure des champs comprend même les haies qui en dépendent.

(2) On choisit de préférence celles qui ont porté, l'année précédente, des céréales d'automne.

(3) Dans certaines parties de ce canton, 1/5.

(4) Cependant, il est soumis à des dommages-intérêts si la paille y vient en qualité et en quantité insuffisantes faute d'engrais.

(5) Le sarclage n'est obligatoire que dans la dernière année.

— **Semence** (quantité par hectare).

— 4 ou 5 hectolitres.

M. — Gorron, Pré-en-Pail.

— 4 hectolitres.

M. — Couptrain.

— 3 hectolitres.

M. — Villaines.

— 2 hectolitres ou 2 et 1/2.

M. — Ambrières, Mayenne.

V. Semences.

— **Vente** (*Modes de*). — A la fourniture : 21 boisseaux pour 20, *mi-rez*, *mi-combles*, c'est-à-dire 11
boisseaux combles et 10 rasés. (Le rasement se fait
en sciant et en trois coups.)

M. L. — Cholet, 6.

B

BAIL. — Contrat écrit ou verbal par lequel une
personne s'oblige envers une autre à la faire jouir
d'un fonds rural ou d'une maison, pendant un temps
et moyennant un prix déterminés. Le prix peut con-
sister ou en argent ou en redevances en nature.
Appliqué aux héritages ruraux, il s'appelle *fermage;*
dans les autres cas, *loyer*.

Les principes généraux sur les baux sont établis,
Code civil, dans les articles qui suivent (1) :

---

(1) Nous n'avons pas hésité à reproduire textuellement , malgré
son étendue, le tableau complet des dispositions de la loi sur les
baux. Les fermiers qui n'ont pas le Code sous la main, apprécieront
l'utilité de cette citation.

Pour les articles relatifs à la *colonie partiaire*, V. ce mot.

« Règles communes aux baux des maisons et des biens ruraux.

Preuve du bail verbal.

— 1714. On peut louer par écrit ou verbalement.

— 1715. Si le bail fait sans écrit n'a encore reçu aucune exécution, et que l'une des parties le nie, la preuve ne peut être reçue par témoins, quelque modique qu'en soit le prix et quoiqu'on allègue qu'il y a eu des arrhes données. Le serment peut seulement être déféré à celui qui nie le bail.

Contestation sur le prix.

— 1716. Lorsqu'il y aura eu contestation sur le prix du bail verbal dont l'exécution a commencé, et qu'il n'existera point de quittance, le propriétaire en sera cru sur son serment, si mieux n'aime le locataire demander l'estimation par experts ; auquel cas les frais de l'expertise restent à sa charge, si l'estimation excède le prix qu'il a déclaré.

Droit de sous-louer.

— 1717. Le preneur a le droit de sous-louer et même de céder son bail à un autre, si cette faculté ne lui a pas été interdite. Elle peut être interdite pour le tout ou partie.

Cette clause est toujours de rigueur.

. . . .

Obligations générales du propriétaire.

— 1719. Le bailleur est obligé, par la nature du contrat, et sans qu'il soit besoin d'une stipulation particulière :

1° De délivrer au preneur la chose louée ;

2º D'entretenir cette chose en état de servir à l'usage pour lequel elle a été louée ;

3º D'en faire jouir paisiblement le preneur pendant la durée du bail.

Réparations dues au locataire ou fermier.

— 1720. Le bailleur est tenu de délivrer la chose en bon état de réparations de toute espèce.

Il doit y faire, pendant la durée du bail, toutes les réparations qui peuvent devenir nécessaires, autres que les locatives.

Garanties dues au preneur.

— 1721. Il est dû garantie au preneur pour tous les vices ou défauts de la chose louée qui en empêchent l'usage, quand même le bailleur ne les aurait pas connus lors du bail. S'il résulte de ces vices ou défauts quelque perte pour le preneur, le bailleur est tenu de l'indemniser.

Destruction ou diminution de la chose louée.

— 1722. Si, pendant la durée du bail, la chose louée est détruite en totalité par cas fortuit, le bail est résilié de plein droit ; si elle n'est détruite qu'en partie, le preneur peut, suivant les circonstances, demander ou une diminution du prix ou la résiliation même du bail. Dans l'un et l'autre cas, il n'y a lieu à aucun dédommagement.

Changements dans la chose louée.

— 1723. Le bailleur ne peut, pendant la durée du bail, changer la forme de la chose louée.

Indemnités dues au preneur pour certains travaux qui lui sont préjudiciables.

— 1724. Si, durant le bail, la chose louée a besoin de réparations urgentes et qui ne puissent être différées jusqu'à sa fin, le preneur doit les souffrir, quelque incommodité qu'elles lui causent, et quoiqu'il soit privé, pendant qu'elles se font, d'une partie de la chose louée.

Mais si ces réparations durent plus de 40 jours, le prix du bail sera diminué à proportion du temps et de la partie de la chose louée dont il aura été privé.

Si les réparations sont de telle nature qu'elles rendent inhabitable ce qui est nécessaire au logement du preneur et de sa famille, celui-ci pourra faire résilier le bail.

Troubles apportés à la jouissance par des tiers.

— 1725. Le bailleur n'est pas tenu de garantir le preneur du trouble que des tiers apportent par voies de fait à sa jouissance, sans prétendre d'ailleurs aucun droit sur la chose louée ; sauf au preneur à les poursuivre en son nom personnel.

— 1726. Si, au contraire, le locataire ou le fermier ont été troublés dans leur jouissance par suite d'une action concernant la propriété du fonds, ils ont droit à une diminution proportionnée sur le prix du bail à loyer ou à ferme, pourvu que le trouble et l'empêchement aient été dénoncés au propriétaire.

— 1727. Si ceux qui ont commis les voies de fait, prétendent avoir quelques droits sur la chose louée, ou si le preneur est lui-même cité en justice pour se voir condamner au délaissement de la totalité ou de partie de cette chose, ou à souffrir l'exercice de quelque servitude, il doit appeler le bailleur en garantie, et doit être mis hors d'instance, s'il l'exige, en nommant le bailleur pour lequel il possède.

Obligations du locataire ou fermier.

— 1728. Le preneur est tenu de deux obligations principales : 1° d'user de la chose louée en bon père de famille, et, suivant la destination qui lui a été donnée par le bail, ou suivant celle présumée d'après les circonstances, à défaut de convention ; 2º de payer le prix du bail aux termes convenus.

— 1729 Si le preneur emploie la chose louée à un autre usage que celui auquel elle a été destinée ou dont il puisse résulter un dommage pour le bailleur, celui-ci peut, suivant les circonstances, faire résilier le bail.

Etat des lieux.

— 1730. S'il a été fait un état des lieux entre le bailleur et le preneur, celui-ci doit rendre la chose telle qu'il l'a reçue, suivant cet état, excepté ce qui a péri ou a été dégradé par vétusté ou force majeure.

— 1731. S'il n'a pas été fait d'état des lieux, le preneur est présumé les avoir reçus en bon état de réparations locatives, et doit les rendre tels, sauf la preuve contraire.

Responsabilité du preneur. — Dégradations.

— 1732. Il répond des dégradations ou des pertes qui arrivent pendant sa jouissance, à moins qu'il ne prouve qu'elles ont eu lieu sans sa faute.

Incendie.

— 1733. Il répond de l'incendie, à moins qu'il ne prouve : que l'incendie est arrivé par cas fortuit ou force majeure, ou par vice de construction ; ou que le feu a été communiqué par une maison voisine.

— 1734. S'il y a plusieurs locataires, tous sont solidairement responsables de l'incendie, à moins qu'ils ne prouvent que l'incendie a commencé dans l'habitation de l'un deux, auquel cas celui-là seul en est tenu ; ou que quelques-uns ne prouvent que l'incendie n'a pu commencer chez eux, auquel cas ceux-là n'en sont pas tenus.

Dégradations.

— 1735. Le preneur est tenu des dégradations et des pertes qui arrivent par le fait des personnes de sa maison ou de ses sous-locataires.

Congé (Bail verbal).

— 1736. Si le bail a été fait sans écrit, l'une des parties ne pourra donner congé à l'autre qu'en observant *les délais fixés par l'usage* (1).

Cessation (Bail écrit).

— 1737. Le bail cesse de plein droit à l'expiration du terme fixé, lorsqu'il a été fait par écrit, sans qu'il soit nécessaire de donner congé.

Tacite réconduction.

— 1738. Si, à l'expiration des baux écrits, le preneur reste et est laissé en possession, il s'opère un nouveau bail dont l'effet est réglé par l'article relatif aux locations faites sans écrit.

— 1739. Lorsqu'il y a un congé signifié, le preneur, quoiqu'il ait continué sa jouissance, ne peut invoquer la tacite réconduction.

Caution.

— 1740. Dans le cas des deux articles précédents, la caution donnée pour le bail ne s'étend pas aux obligations résultant de la prolongation.

---

(1) *V.* Congé.

Résolution du louage.

— 1741. Le contrat de louage se résout par la perte de la chose louée, et par le défaut respectif du bailleur et du preneur, de remplir leurs engagements.

— 1742. Le contrat de louage n'est point résolu par la mort du bailleur, ni par celle du preneur.

Vente de la chose louée. — Droits du fermier ou locataire.
— Indemnité due pour l'expulsion.

— 1743. Si le bailleur vend la chose louée, l'acquéreur ne peut expulser le fermier ou le locataire qui a un bail authentique ou dont la date est certaine, à moins qu'il ne se soit réservé ce droit par le contrat de bail.

— 1744. S'il a été convenu, lors du bail, qu'en cas de vente, l'acquéreur pourrait expulser le fermier ou le locataire, et qu'il n'ait été fait aucune stipulation sur les dommages et intérêts, le bailleur est tenu d'indemniser le fermier ou le locataire de la manière suivante.

— 1745. S'il s'agit d'une maison, appartement ou boutique, le bailleur paie, à titre de dommages et intérêts, au locataire évincé, une somme égale au prix du loyer, pendant le temps qui, *suivant l'usage des lieux*, est accordé entre le congé et la sortie.

— 1746. S'il s'agit de biens ruraux, l'indemnité que le bailleur doit payer au fermier, est du tiers du prix du bail pour tout le temps qui reste à courir.....

— 1748. L'acquéreur qui veut user de la faculté réservée par le bail, d'expulser le fermier ou locataire en cas de vente, est, en outre, tenu d'avertir le locataire au temps d'avance usité dans le lieu pour les congés.

Il doit aussi avertir le fermier de biens ruraux, au moins un an à l'avance.

— 1749. Les fermiers ou les locataires ne peuvent être expulsés qu'ils ne soient payés, par le bailleur, ou, à son défaut, par le nouvel acquéreur, des dommages et intérêts ci-dessus expliqués.

— 1750. Si le bail n'est pas fait par acte authentique, ou n'a point de date certaine, l'acquéreur n'est tenu d'aucuns dommages et intérêts.

— 1751. L'acquéreur à pacte de rachat ne peut user de la faculté d'expulser le preneur, jusqu'à ce que, par l'expiration du délai fixé pour le rendre, il devienne propriétaire incommutable.

Règles particulières aux baux à loyer.

Obligations du locataire ou sous-locataire.

— 1752. Le locataire qui ne garnit pas la maison de meubles suffisants, peut être expulsé, à moins qu'il ne donne des sûretés capables de répondre du loyer.

— 1753. Le sous-locataire n'est tenu envers le propriétaire que jusqu'à concurrence du prix de sa sous-location, dont il peut être débiteur au moment de la saisie, et sans qu'il puisse opposer des paiements faits par anticipation. Les paiements faits par le sous-locataire, soit en vertu d'une stipulation portée en son bail, soit en conséquence de l'usage des lieux, ne sont pas réputés faits par anticipation.

Réparations dues par le locataire.

— 1754. Les réparations locatives ou de menu entretien dont le locataire est tenu, s'il n'y a clause contraire, sont celles désignées comme telles par l'usage des lieux, et, entre autres, les réparations à faire :

Aux âtres, contre-cœurs, chambranles et tablettes des cheminées ; au recrépiment du bas des murailles des appartements et autres lieux d'habitation, à la hauteur d'un mètre ; aux pavés et carreaux des chambres, lorsqu'il y en a seulement quelques-uns de cassés ; aux vitres, à moins qu'elles ne soient cassées par la grêle, ou autres accidents extraordinaires et de force majeure, dont le locataire ne peut être tenu ; aux portes, croisées, planches de cloison ou de fermeture de boutiques, gonds, targettes et serrures.

— 1755. Aucune des réparations réputées locatives n'est à la charge des locataires, quand elles ne sont occasionnées que par vétusté ou force majeure.

Puits et fosses d'aisance.

— 1756. Le curement des puits et celui des fosses d'aisance sont à la charge du bailleur, s'il n'y a clause contraire.

Louage des meubles (durée).

— 1757. Le bail des meubles fournis pour garnir une maison entière, un corps de logis entier, une boutique ou tous autres appartements, est censé fait pour la durée ordinaire des baux de maisons, corps de logis, boutiques ou autres appartements, selon l'*usage* des lieux.

Appartements meublés.

— 1758. Le bail d'un appartement meublé est censé fait à l'année, quand il a été fait à tant par an ; au mois, quand il a été fait à tant par mois ; au jour, s'il a été fait à tant par jour.

Si rien ne constate que le bail soit fait à tant par an, par mois ou par jour, la location est censée faite *suivant l'usage* des lieux.

Tacite réconduction.

— 1759. Si le locataire d'une maison ou d'un appartement continue sa jouissance après l'expiration du bail par écrit, sans opposition de la part du bailleur, il sera censé les occuper aux mêmes conditions, pour le terme *fixé par l'usage* des lieux, et ne pourra plus en sortir ni en être expulsé qu'après un congé donné suivant le *délai fixé par l'usage* des lieux (1).

Dommages-intérêts dus par le locataire.

— 1760. En cas de résiliation par la faute du locataire, celui-ci est tenu de payer le prix du bail pendant le temps nécessaire à la relocation, sans préjudice des dommages et intérêts qui ont pu résulter de l'abus.

Si le bailleur veut occuper la maison louée ?

— 1761. Le bailleur ne peut résoudre la location, encore qu'il déclare vouloir occuper par lui-même la maison louée, s'il n'y a ni convention contraire.

— 1762. S'il a été convenu dans le contrat de louage, que le bailleur pourrait venir occuper la maison, il est tenu de signifier d'avance un congé aux *époques déterminées par l'usage* des lieux.

---

(1) *V.* Tacite réconduction.

Régles particulières aux baux à ferme.

Obligations du fermier.

— 1766. Si le preneur d'un héritage rural ne le garnit pas des bestiaux ou des ustensiles nécessaires à son exploitation, s'il abandonne la culture, s'il ne cultive pas en bon père de famille, s'il emploie la chose louée à un autre usage que celui auquel elle a été destinée, ou, en général, s'il n'exécute pas les clauses du bail et qu'il en résulte un dommage pour le bailleur, celui-ci peut, suivant les circonstances, faire résilier le bail.

En cas de résiliation provenant du fait du preneur, celui-ci est tenu des dommages-intérêts.

— 1767. Tout preneur de bien rural est tenu d'engranger dans les lieux à ce destinés d'après le bail.

— 1768. Le preneur d'un bien rural est tenu, sous peine de tous dépens, dommages et intérêts, d'avertir le propriétaire des usurpations qui peuvent être commises sur le fonds. Cet avertissement doit être donné dans le même délai que celui qui est réglé en cas d'assignation suivant la distance des lieux.

Droits du fermier qui perd sa récolte par cas fortuits ou force majeure.

— 1769. Si le bail est fait pour plusieurs années et que, pendant la durée du bail, la totalité ou la moitié d'une récolte au moins soit enlevée par des cas fortuits, le fermier peut demander une remise du prix de sa location, à moins qu'il ne soit indemnisé par les récoltes précédentes.

S'il n'est pas indemnisé, l'estimation de la remise ne peut avoir lieu qu'à la fin du bail, auquel temps il se fait une compensation de toutes les années de jouissance ; et cependant le juge peut provisoirement dispenser le preneur de payer une partie du prix en raison de la perte soufferte.

— 1770. Si le bail n'est que d'une année, et que la perte soit de la totalité des fruits, ou au moins de la moitié, le preneur sera déchargé d'une partie proportionnelle des prix de la location.

Il ne pourra prétendre aucune remise, si la perte est moindre de moitié.

— 1771. Le fermier ne peut obtenir de remise, lorsque la perte des fruits arrive après qu'ils sont séparés de la terre, à moins que le bail ne donne au propriétaire une quotité de la récolte en nature ; auquel cas le propriétaire doit supporter sa part de la perte, pourvu que le preneur ne fût pas en demeure de lui livrer sa portion de récolte.

Le fermier ne peut également demander une remise, lorsque la cause du dommage était existante et connue à l'époque où le bail a été passé.

— 1772. Le preneur peut être chargé des cas fortuits par une stipulation expresse.

— 1773. Cette stipulation ne s'entend que des cas fortuits ordinaires, tels que grêle, feu du ciel, gelée ou coulure. Elle ne s'entend pas de cas fortuits extraordinaires, tels que les ravages de la guerre ou une inondation, auxquels le pays n'est pas ordinairement sujet, à moins que le preneur n'ait été chargé de tous les cas fortuits prévus ou imprévus.

Durée du bail rural.

— 1774. Le bail, sans écrit, d'un fonds rural, est censé fait pour le temps qui est nécessaire, afin que le preneur cueille tous les fruits de l'héritage affermé.

Ainsi le bail à ferme d'un pré, d'une vigne et de tout autre fonds dont les fruits se recueillent en entier dans le cours de l'année, est censé fait pour un an.

Le bail des terres labourables, lorsqu'elles se divisent par *soles* ou *saisons*, est censé fait pour autant d'années qu'il y a de soles.

— 1775. Le bail des héritages ruraux , quoique fait sans écrit, cesse de plein droit à l'expiration du temps pour lequel il est censé fait, selon l'article précédent.

— 1776. Si, à l'expiration des baux ruraux écrits, le preneur reste et est laissé en possession, il s'opère un nouveau bail dont l'effet est réglé par l'article 1774.

Obligations du fermier sortant envers l'entrant.

— 1777. Le fermier sortant doit laisser à celui qui lui succède dans la culture, les logements convenables et autres facilités pour les travaux de l'année suivante ; et réciproquement, le fermier entrant doit procurer à celui qui sort les logements convenables et autres facilités pour la consommation des fourrages, et pour les récoltes restant à faire.

Dans l'un et l'autre cas, *on doit se conformer à l'usage* des lieux.

Pailles et engrais.

— 1778. Le fermier sortant doit aussi laisser les pailles et engrais de l'année, s'il les a reçus lors de son entrée en jouissance ; et quand même il ne les aurait pas reçus, le propriétaire pourra les retenir suivant l'estimation (1). »

---

(1) Pour les rapports entre le sortant et l'entrant, *V.* le mot dont on a besoin.

Enregistrement des baux verbaux.

(Nous croyons devoir compléter nos citations sur les baux par la reproduction des principaux articles de *la loi du 23 août 1871*, relatifs à l'enregistrement des locations verbales.)

« Art. 11. Lorsqu'il n'existe pas de conventions écrites constatant une mutation de jouissance de biens immeubles, il y est suppléé par des déclarations détaillées et estimatives, dans les trois mois de l'entrée en jouissance.

Si la location est faite suivant l'usage des lieux, la déclaration en contiendra la mention.

Les droits d'enregistrement deviendront exigibles dans les vingt jours qui suivront l'échéance de chaque terme, et la perception en sera continuée jusqu'à ce qu'il ait été déclaré que le bail a cessé ou qu'il a été résilié.

En cas de déclaration insuffisante, il sera fait application des dispositions des articles 19 et 39 de la loi du 22 frimaire an VII.

La déclaration doit être faite par le preneur, ou, à son défaut, par le bailleur, ainsi qu'il est dit à l'article 14 ci-après.

Ne sont pas assujetties à la déclaration les locations verbales ne dépassant pas trois ans, et dont le prix annuel n'excède pas 100 francs. Toutefois, si le même bailleur a consenti plusieurs locations verbales de cette catégorie, mais dont le prix cumulé excède 100 francs annuellement, il sera tenu d'en faire la déclaration et d'acquitter personnellement et sans recours les droits d'enregistrement.

Si le prix de la location verbale est supérieure à 100 francs, sans excéder 300 francs annuellement, le bailleur sera également tenu d'en faire la déclaration et d'acquitter les droits exigibles, sauf son recours contre le preneur, qui sera dispensé, dans ce cas, de la formalité de la déclaration.

Le droit sera exigible lors. de l'enregistrement ou de la déclaration. Toutefois, si le bail est de plus de trois ans et si les parties le requièrent, le montant du droit pourra être fractionné en autant de payements égaux qu'il y aura de périodes triennales dans la durée du bail. Le payement des droits afférents à la première période sera seul acquitté lors de l'enregistrement ou de la déclaration, et celui des périodes subséquentes aura lieu dans le premier mois de l'année qui commencera chaque période.

La dernière disposition du n° 2 du paragraphe 3 de l'article 65 de la loi du 22 frimaire an VII, relative aux baux de trois, six ou neuf années, est abrogée.

Les dispositions du présent article ne seront exécutoires qu'à partir du 1er octobre prochain.

Art. 14. A défaut d'enregistrement ou de déclaration dans les délais fixés par les lois des 22 frimaire an VII, 27 ventôse an IX, et par l'article 11 de la présente loi, l'ancien et le nouveau possesseurs, le bailleur et le preneur sont tenus personnellement et sans recours, nonobstant toute stipulation contraire, d'un droit en sus, lequel ne peut être inférieur à cinquante francs.

L'ancien possesseur et le bailleur peuvent s'affranchir du droit en sus qui leur est personnellement imposé, ainsi que du versement immédiat des droits simples, en déposant dans un enregistrement l'acte constatant la mutation, ou, à défaut d'acte, en faisant les déclarations prescrites par l'article 4 de la loi du 27 ventôse an IX et par l'article 11 de la présente loi.

Outre les délais fixés pour l'enregistrement des actes ou déclarations, un délai d'un mois est accordé à l'ancien possesseur ou au bailleur pour faire le dépôt ou les déclarations autorisés par le paragraphe qui précède.

Les dispositions du présent article ne sont pas applicables au preneur dans les cas prévus par les paragraphes 5 et 6 de l'article 11 ci-dessus.

Art. 15. Lorsque, dans les cas prévus par la loi du 22 frimaire an VII et par l'article 11 de la présente loi, il y a lieu à expertise, et que le prix exprimé ou la valeur déclarée n'excède pas 2,000 fr., cette expertise est faite par un seul expert nommé par toutes les parties, ou, en cas de désaccord, par le président du tribunal et sur simple requête.... »

— **Dates** d'usage (1). — *Bail verbal.*

— **Maisons.**

— 25 décembre ou 24 juin.

M. L. — Saumur Sud.

— 24 juin ou 1er novembre.

M. L. — Angers N.-E., N.-O. (1), S.-E.

— 23 avril, 23 octobre ou 1er novembre.

M. L. — Cholet.

— 1er novembre.

M. L. — Baugé, Gennes, St-Georges, 51 (2) ; Louroux, 79.

— 23 avril, 24 juin, 1er novembre, 24 décembre.

M. L. — Champtoceaux.

— 1er novembre ou 1er mai.

M. L. — St-Florent, 51.

— 24 juin.

M. L. — Doué, Montreuil-Bellay.

---

(1) Nous ne mentionnons ici que la date et la durée. *V.* les articles spéciaux.

(2) En dehors de l'octroi, le bail ne commence que le 1er novembre. Excepté la commune d'Ingrandes qui date du 24 juin.

— 23 avril.

M. — Bais, Horps, Lassay.

— Si l'entrée a lieu sur l'année, le bail finit néanmoins à l'époque d'entrée ordinaire la plus prochaine.

M. L. — Baugé, Saumur Sud.

— **Métairies.** — 1er novembre.

M. L. — Angers N.-E., N.-O., S.-E. ; Baugé, Briollay, Chalonnes, St-Florent, 13 ; Gennes, St-Georges, Longué, 2 ; Louroux, Noyant, Ponts-de-Cé, Saumur Sud, Seiches, Segré, 2.

M. — Châteaugontier, 1 ; Pré-en-Pail, (rares).

— 1er novembre et 23 avril.

M. L. — Beaupréau, Champtoceaux, Chemillé, Montrevault, Vihiers.

M. — Couptrain (1er novembre, rare), Laval (entrée au 23, très-rare).

— 23 avril.

M. L. — Cholet, Montfaucon.

M. — Ambrières, Ernée, Gorron, Landivy, Mayenne, Villaines.

— 25 mars.

M. L. — Montreuil-Bellay.

— 21 avril.

M. — Bais, Horps, Lassay.

— 23 octobre.

M. — Ambrières, Gorron (rares).

— 1er novembre et 25 avril.

M. L. — Durtal, 13.

— Jour de Pâques.

M. — Couptrain, Pré-en-Pail.

— **Terres volantes.** — 1er novembre.

M. L. — Baugé, Chemillé, 66 ; Durtal, 179 ; St-Florent, 41 ; Longué, 2.

M. — Châteaugontier, 75 ; Laval, 88 (par exception, le 23 avril).

— 23 avril.

M. L. — Montfaucon.

M. — Ernée.

— 24 avril.

M. — Bais (1 à 56).

— 1er novembre, 23 avril, 2 février, 24 décembre.

M. L. — Champtoceaux, Montrevault.

— *Bail verbal.* **Durée.**

— **Appartement** ou **Portion de maison.** — Un an.

M. L. — Cholet, Saumur Sud (1).

— **Appartement garni.** — Un mois.

M. L. — Angers S.-E, 130 ; Cholet, Saumur Sud, Thouarcé.

—**Biens ruraux** (Métairies, borderies, closeries).— Trois ans.

M. L. —Angers N.-O., S.-E. ; Champtoceaux , Chemillé , Cholet, Durtal, 12 ; St-Florent, 14 ; Gennes, St-Georges, 27 ; Louroux, 2 ; Montreuil, Montrevault, Saumur Sud ; Vihiers.

M. — Mayenne (arr¹).

—Deux ans.

M. L. — Angers N.-E. ; Saumur N.-O.

—Un an pour les terres de la vallée, deux ans pour les quintes, trois ans pour les hautes terres de la rive gauche.

M. L. — Ponts-de-Cé, 1.

—Un an.

M. — Châteaugontier, 1 ; Ernée, 2 ; Laval.

— **Borderie.** — Trois ans.

M. L. — Cholet, 15 ; St-Georges, 27.

---

(1) Si d'entrée a lieu sur l'année, le bail finit néanmoins à l'époque d'entrée la plus prochaine.
Saumur Sud.

— Un an.

M. L. — Montrevault.

— **Closerie.** — Deux ans.

M. L. — Angers N.-O.

— Un an.

M. L. — Angers N.-E. ; St-Florent, 14 ; Montrevault.
M. — Ernée, 2 ; Laval, 1.

— **Jardin isolé.** — Un an.

M. L. — Angers N.-E.

— **Maison entière.** — Un an.

M. L.— Angers N.-E., N.-O., S.-E. (1) ; Briollay, Champtoceaux, Cholet, St-Florent, Gennes, Montreuil, Saumur S.
M. — Bais, 74 ; Couptrain, Lassay.

— **Maison avec terre.** — Un an, si la maison forme le principal objet du bail : si, au contraire, ce sont les terres et qu'elles soient assolées, le bail dure autant d'années qu'il y a de soles.

M. L. — Saumur Sud.

— **Prairies isolées.** — Un an.

M. L. — Cholet, 15 ; St-Georges, 48 ; Louroux, 56.

— **Taillis.** — Le bail est fait pour la durée de toutes les coupes.

M. L. — Gennes.

— **Terres volantes.** — Un an.

M. L. — Angers N.-E., N.-O., S.-E. ; Champtoceaux, St-Florent, 41 ; St-Georges, 48 ; Louroux, 54 ; Montrevault.
M. — Bais, 55 ; Laval, 1.

---

(1) Si le locataire entre en jouissance à une époque autre que celle usitée, le temps compris avant le 24 juin ou le 1er novembre ne compte pas pour la durée du bail qui prend fin aux termes accoutumés.

Angers N.-O., S.-E.

— Trois ans, si elle est soumise à l'assolement, sinon un an.

M. L. — Cholet.

— Deux ans.

M. L. — Durtal, 12.

— Deux ou trois ans.

M. L. — Seiches.

BALIVEAUX. — Jeunes arbres qu'on réserve dans la coupe des bois taillis.

— (**Choix** des). — Ils doivent être de l'âge de la coupe et désignés par le propriétaire. Le fermier, si l'on s'en rapporte à lui, choisit les beaux pieds, espacés convenablement sur l'ensemble du terrain.

Maine-et-Loire. — Mayenne.

— (**Nombre** (1) laissé par hectare).

— 36. Beaufort, Bais.
— 34. Gorron, Mayenne, Villaines.
— 32 Durtal.
— 30. Couptrain.
— 24. Châteaugontier, Laval.
— 20. Briollay.

— (**Obligation** du fermier).

— L'obligation de conserver des baliveaux n'existe, dans les cantons suivants, que si elle a été expressément imposée au fermier par le propriétaire.

M. L. — St-Georges, 72 ; Louroux, 86.

BALLES.

Enveloppes du grain qui s'en séparent au battage ou au vannage et qu'on utilise comme engrais.

---

(1) Les élèves complantés sur les haies qui entourent les taillis, ne sont pas compris dans ce nombre. Ils doivent également être conservés avec soin.

— **Attribution**.

La dernière année, elles sont réservées au fermier entrant ; en retour, il donne au sortant une valeur égale de charrée ou de noir animal.

M. — Ernée, 32.

— **Emploi spécial**.

Elles doivent être étendues sur les prés, fin novembre, après avoir servi de litière.

M. L. — Durtal, 89.

— Sans subir aucun mélange.

M. L. — Segré, 25.

BARRIÈRES (**ECHALIERS** ou **CLAIES**).

— **Entretien** (*Réparations locatives*).

— Est dû par le fermier.

M. L. — Angers S.-E., N.-E., N.-O.; Baugé, Beaupréau, Briollay, Chalonnes, 6 ; Chemillé, Cholet, St-Florent, 25 ; St-Georges, Louroux, 4 ; Noyant (1), Ponts-de-Cé, 3 ; Seiches, Segré, 5 ; Thouarcé, Vihiers.
M. — Châteaugontier, Laval, Mayenne (arr‍ᵗ.).

— **Réparations** et **reconstructions** (*Matières et travaux*).

— Elles sont faites par le fermier avec le bois (sur pied ou débité) fourni par le propriétaire.

M. L. — Angers N.-O., Briollay, Chalonnes, Chemillé, Cholet, St-Florent, Louroux, Ponts-de-Cé, Segré, Thouarcé, Vihiers.

— Elles sont faites avec le bois pris dans la portion des émondes attribuée au fermier, même l'année de sa sortie.

M. L. — St-Georges.

---

(1) A moins qu'elles ne soient l'œuvre des ouvriers spéciaux.

— Barrières à *bascule*. — Le fermier ne doit pas la réparation de la pièce du dessus.

M. L. — Cholet.

— **Construction** (modes de).

— Elles doivent avoir :

— 3 montants et 5 ou 6 barres transversales en houx, nommées rollons.

M. L. — Cholet, 16.

— 2 montants et 5 barres (Largeur, 2^m ; hauteur, 1^m 33).

M. L. — Montfaucon.

— **Date** *des réparations*.

— En novembre.

M. L. — Louroux, 4.

— Avant le 1er mars.

M. L. — Thouarcé.

BATONNIER.

Nom donné aux marchands de bestiaux qui vont à domicile faire des achats.

M. L. — Beaupréau.

BATTAGE (des grains). — *Fermier sortant.*

— Le fermier *sorti* bat les grains immédiatement après leur coupe (faite aussitôt leur maturité), et à ses frais exclusivement : seulement, il a le droit de laisser en sortant, sur la ferme, le rouleau batteur ou la machine à battre qu'il destine à cette future opération.

M. L. — Segré, 53.
M. — Châteaugontier, 48 ; Laval, 48.

BÊCHAGE (à la pelle).

Façon donnée aux terres de *la vallée* au moins une fois tous les trois ans.

M. L. — Ponts-de-Cé, 9.

—(**En mottes**).

— Usité dans les vignes, aux époques suivantes :

— En juin.

M. L. — Angers N.-O, Champtoceaux, 38 ; St-Florent, 43 ; Montrevault, Segré.

— En mars ou avril.

M. L — Beaufort.

— En avril ou mai.

M. L. — Montreuil-Bellay.

— Avant avril.

M. L. — Noyant.

— Au plus tard le 20 mai.

M. L. — Thouarcé.

— En mars.

M. L. — Vihiers.

BESTIAUX.

— **Attribution** (col. part.). — En fin de bail, ils restent tous sur le lieu, sauf indemnité au colon pour la part qui lui revient d'après estimation au cours du jour.

M. L. — Briollay.
M. — Châteaugontier, 60.

— Ils sont partagés par moitié, ou vendus *en cas d'impossibilité :*

Le prix est réparti également entre le propriétaire et le colon.

M. — Mayenne (arr^t.).

— Ils sont divisés en deux lots acceptés à l'amiable ou tirés au sort.

M. L. — Angers N.-E., Durtal, 21 ; Louroux, 77.

— **Délaissement** (*Ferme à prix d'argent*). — A l'expiration du bail, le fermier sortant laisse ses bestiaux sur le lieu, sauf les mâles destinés à la reproduction et les animaux d'un prix exceptionnel. — Leur valeur est remboursée, au cours du jour, par le propriétaire ou le fermier successeur.

M. — Laval, 58.

— Élèves (col. part.). — Le nombre en est fixé par le propriétaire.

Tous les cantons.

— Emploi. — Le colon partiaire ne peut employer ses bestiaux hors la ferme, sans le consentement du propriétaire.

M. L. — Angers N.-E., N.-O., Chemillé, 76 ; St-Florent, 36 ; Vihiers, 56.
M. — Mayenne (arr^t).

— Enlèvement. — Il est interdit au fermier d'enlever ses bestiaux avant la fin du bail ; s'ils sont conduits sur la ferme nouvelle pour l'exécution des travaux, ils doivent être ramenés dans les étables dès qu'ils sont finis.

M. L. — Beaufort.

— Le fermier peut les enlever en justifiant qu'il est quitte de la ferme et des contributions.

M. — Gorron.

— Fourniture (col. part.). — Moitié par le colon, moitié par le propriétaire.

M. L. — Angers N.-E., N.-O., Baugé, Briollay, Chemillé, 73 ; Durtal, 21 ; St-Florent, 35 ; Louroux, Segré, 69 ; Vihiers, 53.
M. — Châteaugontier, 59 ; Laval, 73 ; Mayenne (arr^t).

— Gros bestiaux. — Sous ce nom sont compris les bœufs et génisses de deux ans au moins, les chevaux et les mulets.

Deux élèves comptent pour une tête de gros bétail.

M. L. — Angers S.-E., 52 et 53.

— **Logement** et **nourriture**. — Il est expressément interdit de loger et nourrir les bestiaux hors de la ferme exploitée.

M. L. — Angers S.-E., 59.

— **Nombre** (col. part.). — Il est fixé par le propriétaire et le colon.

M. L. — Noyant.

V. **Elèves.**

— (*Fermes à prix d'argent*).

— **Closerie.** — Une tête de bétail par hectare.

M. L. — Angers S.-E., 52 et 53.

— **Métairie.** — Le métayer doit entretenir une tête de gros bétail par un hectare trente-deux ares de terre, non compris closeaux, vignes, prés et bois.

M. L. — Angers S.-E., 52 et 53.

— Une tête par un hectare soixante ares.

M. L. — Angers N.-E.

— Vingt-cinq têtes par trente hectares.

M. L. — Louroux, 30.

— Au moins une vache par deux hectares cinquante ares.

M. L. — Beaufort.

— Quinze têtes par vingt hectares. Deux porcs ou cinq moutons comptent pour une tête de gros bétail. (Les élèves comptent comme les animaux plus âgés.)

M. L. — Chemillé, 56.

—Pas de nombre fixe, mais les bestiaux doivent être en assez grande quantité pour assurer l'exploitation et répondre du prix de ferme (1).

---

(1) Si le fermier, mis légalement en demeure de garnir la ferme, ne le fait pas, le bail est résilié, et le propriétaire a droit à des dommages intérêts.

M. L. — Briollay, Chalonnes, 35 ; Cholet, Durtal, 20 ; St-Florent, 17 ; Montfaucon, Noyant, Ponts-de-Cé, 28 ; Segré, 66 ; Seiches, Vihiers, 50.

M. — Gorron, Mayenne (arr¹).

— **Race** (col. part.). — Elle est choisie par le propriétaire.

Tous les cantons.

— **Vente.** — **Bœufs gras.** — La vente n'est parfaite qu'autant que l'acheteur a, du consentement du vendeur, apposé sa marque sur l'animal.

M. L. — Cholet, 9.

— **Corde** ou **nâche.** — Le vendeur doit une corde neuve, qu'il s'agisse d'un bœuf ou d'une vache.

M. L. — Cholet, 10.

BETTES et BETTERAVES (Consommation des).

— Elle doit se faire sur place. Le fermier ne peut ni les vendre, ni les enlever.

M. L. — Angers N.-O., S.-E. (1), 44 ; Chalonnes, 11 ; Ponts-de-Cé, 5 ; Segré, 10.

M. — Mayenne (arr¹).

— Le fermier sortant peut emporter toutes celles qu'il a récoltées.

M. L. — St-Florent.

— **(Ensemencé des).**

— Le fermier sortant ne peut le faire dans la partie des terres destinées aux blés.

M. L. — Thouarcé, 15.

V. **Racines fourragères.**

---

(1) Exception pour l'espèce de betteraves destinées à la fabrication du sucre.

BEURRE (col. part.).

— Il ne se partage que si le lait des vaches n'est pas donné aux veaux pendant quatre mois.

M. L. — Chemillé, 85.

M. — Laval, 74.

BINAGE *(époumonage, rabattage).*

— Nom donné à l'une des façons de la vigne.

ÉPOQUE :

— En juin.

M. L. — Noyant, Seiches.

— En mai.

M. L. — Angers S.-E.

— En juin ou juillet.

M. L. — Vihiers.

— Dernière quinzaine de juin.

M. L. — Montreuil-Bellay.

— Terminé le 24 juin.

M. L. — Thouarcé.

— Terminé le 25 juin.

M. L. — Chalonnes.

V. **Vignes.**

BLÉS.

— **Arrière-récolte.** — Elle se *partage* par moitié (semences prélevées) entre le fermier *entré* et le fermier *sorti*

M. L. — Gennes, Montreuil-Bellay, Ponts-de-Cé, 26.

-- **Dernière récolte.**

— **Attribution.** — Elle se partage par moitié (semences prélevées) entre le *sortant* et l'*entrant*.

M. L. — Angers N.-O., Gennes (1).

____

(1) Dans ce canton, la semence s'évalue à 1 décalitre 75 centilitres pour 6 ares 60 centiares.

— Elle appartient toute entière au sortant, qui fait les travaux qu'elle nécessite et qui ne peut l'enlever qu'après avoir payé la totalité du prix de ferme et des redevances.

M. L. — Montreuil-Bellay, Vihiers, 39.

— **Blé noir.** *V.* Sarrazin.

— Pour l'engrais, la semence et la coupe des blés, *V.* **Froment, méteil, seigle, ensemencés et fumier.**

— Pour les travaux et les frais de la **dernière** et de l'arrière-récolte, *V.* Récoltes.

BOGUETS ou **BOGUES.**

— Synonymes de *Balles, Pigriers, Cosses.*

M. L. — Baugé.

BOIRES (Curage).

— **Attribution des frais et profits.**

— A frais communs entre riverains ; la boue et les détritus sont jetés de chaque côté, par moitié.

M. L. — Angers S.-E., N.-O., Châteauneuf, Chalonnes.

— **Époque :**

— Une fois dans le cours d'un bail.

M. L. — Baugé.

— **Largeur** : 2 m.

M. L. — Angers S.-E. (1), Chalonnes, Châteauneuf, Segré.

— **Propriété.**

— Elles sont présumées mitoyennes.

M. L. — Angers S.-E., N.-O., Chalonnes, 8; Châteauneuf, 7.

BOIS.

— **De feu.**

— **Attribution.** — Sauf les émondes (2), il appartient au propriétaire en totalité.

M. — Châteaugontier, 5 ; Ernée, 6.

---

(1) On va quelquefois jusqu'à 4 m.

(2) Pour la propriété du bois taillable et sa répartition entre le sortant et l'entrant, *V. émondes.*

— **Charroi** (1) (au domicile du propriétaire). — Il est à la charge du fermier ou colon. Ces transports ne doivent pas dépasser, en longueur, un myriamètre; en nombre, trois par an.

M. L. — Angers S.-E., 38 ; Chemillé.
M. — Châteaugontier, 5; Mayenne.

— **Vente.** — A la *corde* pour les souches, aux *fagots* pour les *rames* ou *menu bois. V.* **Mesures.**

— **Déchets de bois.** *V.* Déchets.

— **Donné au fermier pour un usage quelconque.** — La propriété ne lui en est acquise qu'autant qu'il a reçu la destination indiquée. Jusque-là, le propriétaire peut le reprendre en payant les frais d'abattage et de débit.

M. L. — Chalonnes, 27 ; Chemillé, 31 ; Segré, 37.
M. — Ambrières, Châteaugontier, 34; Ernée, Gorron, Horps, Laval, Mayenne, Villaines.

— **Mort** ou **brisé.**

— **(Attribution).**

— Il appartient au propriétaire.

M. L. — Angers N.-E., Briollay, Chalonnes, 22 ; Champtoceaux, Chemillé, 27 ; Cholet, Durtal, 37; St-Georges, 11 ; Louroux, 12 ; Ponts-de-Cé, 13 ; Segré, 32.
M. — Laval, Mayenne (arr^t).

— *Pour les arbres fruitiers,* il appartient au fermier.

M. L. — Chemillé, 27 ; Segré, 31.

— **Coupe** par le fermier.

— *Fruitiers* (bois mort des).

— Il doit l'enlever avant le 1er mars.

M. L. — Chemillé, 26; Ponts-de-Cé, 18 ; Segré, 31 ; Vihiers, 28.

---

(1) Pour le bois des réparations, *V, charroi.*

— *Taillis* (bois mort des). — Pas avant le taillis.
M. L. — Chemillé, 93.
M. — Mayenne (arr¹).

V. **Arbres, haies et taillis.**

BOISSELÉE. *V.* **Mesures.**

BORDERIE. — On nomme ainsi toute exploitation d'une superficie inférieure à six hectares.
M. L. — Cholet, Montfaucon.

— Exploitation de moins de dix hectares.
M. L. — Chalonnes.

BORDERIE porte-à-col (ou **porte-à-cou**). — Exploitation rurale faite sans bœufs. *Le fermier est réduit à porter la charge à son cou*, d'où son nom.
M. L. — Chemillé, Cholet, St-Florent.

— **Assolement des borderies.** — Aucun : le fermier peut ensemencer chaque année la totalité des terres.
M. L. — Chemillé, 63.

— **Ensemencés de dernière année.** — Si le bail prend fin à la Saint-Georges, le sortant peut ensemencer deux tiers des terres labourables ; l'autre tiers reste en pâture pour l'entrant.
Si le bail finit à la Toussaint, le fermier sortant doit laisser toutes les terres complétement libres.
M. L. — Chemillé, 63.

— Même règle que ci-dessus, mais la quantité de terre que le sortant doit réserver en pâture n'est pas déterminée.
M. L. — Baupréau.

— **Étendue.** — Trois hectares de terre labourable au plus.
M. L. — Chemillé, 59.

— Règles applicables. — Toutes celles qui régissent les terres volantes, sauf quelques exceptions.

M. L. — Chemillé, 66.

BORNAGE.

— Par fossé.

— Les propriétés qu'un fossé sépare, sont bornées par la largeur constante, apparente et reconnaissable du fossé.

M. L. — St-Georges, 80 ; Louroux, 94.

V. **Fossés et pas-de-bœuf.**

— Par haies.

— Lorsqu'il n'y a pas de fossé, la propriété de la haie entraîne au-delà celle d'une bande de terre large de 1 m. 66, à prendre du milieu des souchés d'épines blanches.

M. L. — St-Georges, 80 ; Louroux, 95.

— La bande est de 0 m. 50, si la haie est plantée debout, et de 1 m., si elle est couchée. Elle est prise de l'extérieur.

M. L. — Chemillé.

V. **Haies.**

BOUCS et **CHÈVRES.** — Il est interdit d'en élever sans le consentement du propriétaire.

M. L. —, Durtal, 25.

BOUES (des abreuvoirs).

— Emploi.

— Il se fait sur le lieu.

M. L. — St-Georges.

— Propriété.

— Elles sont au propriétaire du fonds, bien que la jouissance soit à plusieurs.

M. L. — Beaupreau.

V. Boires et fossés.

BOURRÉE.
— Consommation.

— Elle doit se faire sur place (*dans les métairies* seulement).

M. L. — Champtoceaux, Montfaucon, Montrevault, 8.

BOURRÉES.

V. Mesures (bois de feu).

BROU.

— Nom donné aux feuilles d'ormeau ou de frêne dont les branches ont au moins deux sèves.

M. L. — Saumur N.-O.

V. Feuilles.

BROUSSAILLES. *V.* Epines et haies.

BRUYÈRE (Coupe). — Elle se fait en même temps que celle du taillis lui-même.

M. L. — Angers N.-O., Briollay, Durtal, 170 ; St-Florent, 49 ; St-Georges, 70 ; Louroux, 81 ; Segré, 38 ; Vihiers, 82.
M. — Châteaugontier, Mayenne (arr¹).

— Tous les quatre ans.

M. L. — Chemillé, 93.

— **(Enlèvement de la ferme).** — Interdit au fermier qui n'est pas autorisé par son propriétaire.

M. L. — St-Florent, 49.

— Est permis l'année de la coupe.

M. — Horps.

— **(Terre de bruyère).** — Le locataire d'un jardin peut en faire sortir la terre de bruyère qu'il y a fait entrer.

M. L. — Angers S.-E., 127.

C

CANAUX. — Entretien. — Les canaux pratiqués dans le sol voisin pour l'écoulement des eaux d'égoût, sont entretenus par celui à qui ils servent, sans distinguer s'ils sont à ciel ouvert ou souterrains.

M. L. — Beaupréau.

— *V.* **Drainage et irrigations.**

CARREAUX. — Etat dans lequel ils sont laissés. — Ils doivent, à la sortie du fermier, tenir à chaux et à sable et avoir leurs quatre coins.

M. L. — Beaufort, Seiches.

— Même règle pour les maisons sises à la ville.

M. L. — Beaufort.

— **Réparations.** — A la charge du fermier si quelques-uns seulement doivent être remplacés.

M. — Châteaugontier, 3 ; Laval, 3 ; Mayenne (arr¹).

— A la charge du fermier.

M. L. — Champtoceaux.

CAROTTES. — Consommation. — Elle se fait sur place : le fermier ne peut ni les vendre, ni les enlever.

M. L. — Angers N.-O., S.-E., 46; Chalonnes, 11 ; Ponts-de-Cé, 5 ; Segré, 10 ; Villiers.

— Le fermier sortant peut au contraire emporter toutes les carottes qu'il a récoltées.

M. L. — St-Florent, 21.
M. — Pré-en-Pail.

— *V.* **Racines fourragères.**

CASTRATION (col. part.). — Se pratique pendant l'allaitement.

M. L. — Louroux, 67.
M. — Châteaugontier, 66 ; Laval, 79 ; Mayenne (arr^t).

— A quinze mois.

M. L. — Angers N.-E.

CENDRES et charrées. — **Consommation.** — Elle se fait sur place comme engrais : le fermier ne peut ni les vendre, ni les enlever.

M. L. — Angers N.-E., N.-O., Chalonnes, 11 ; Durtal, 13 ; St-Florent, 20 ; Louroux, 35 ; Segré, 10 ; Vihiers.
M. — Ernée, 9 ; Laval, 10.

— Le fermier en a la disposition absolue.

M. L. — Angers S.-E., 45.
M. — Landivy, Pré-en-Pail.

— Elles doivent être réservées à l'entrant, dans l'année de sortie, à compter du 30 novembre.

M. — C^{nes} de St-Denis et de Vautorte (C^{on} d'Ernée).

— Cette obligation n'existe pas dans les autres communes du canton.

M. — Ernée, 32.

— Le fermier, sortant *d'une closerie*, peut enlever les cendres du lieu.

M. L. — St-Florent, 32.

— *V.* **Engrais.**

CEPS. — **Remplacement des ceps morts.** — Il se

fait aux frais du fermier ou vigneron, s'il est impossible de provigner.

M. L. — Angers S.-E., St-Georges, 66 ; Ponts-de-Cé, 40.

— Les vieux ceps doivent être remplacés par les provins.

M. L. — Baugé.

V. **Vignes.**

CÉRÉALES d'hiver. — **Ensemencé.** — Un tiers des terres du 15 octobre au 15 novembre.

M. — Laval, 16.

— Il est interdit d'en semer sur les chaumes des céréales d'hiver ou de printemps.

M. — Laval, 16.

CÉRÉALES de Printemps. — **Ensemencé.** — Un douzième des terres arables ; on ajoute à la semence quinze à vingt kilogrammes de graines de trèfle ou autres et un kilogramme de graines de navets par hectare.

M. L. — Segré, 14 ; Vihiers.

— Un sixième des terres arables, c'est-à-dire moitié de l'ensemencé des céréales d'hiver en ajoutant vingt kilogrammes de graines de trèfle par hectare.

M. — Laval, 16.

V. Les différentes espèces de céréales.

CHAINTRES. — Portions de terres laissées incultes le long des haies afin de ne pas atteindre en labourant les racines des arbres.

— **Entretien.** — Le fermier doit enlever les épines des chaintres et les nettoyer, lors même que les haies ne seraient pas mises en coupe réglée.

M. L. — Angers S.-E., 72.

— **Largeur.** — Deux mètres au plus; le fermier doit s'abstenir de les bécher.

M. L. — Beaufort.

— Un mètre.

M. L. — Doué.

CHAMBRES garnies. — *V.* **Bail et Congé.**

CHAMPS. — **Mesure.** — Dans la mesure des champs, il faut comprendre les haies et fossés qui en dépendent.

M. L. — Angers N.-O., Briollay, Chalonnes, 16; Chemillé, Durtal, 4; St-Georges, 24; Louroux, 19; Ponts-de-Cé, 11; Segré, 19; Vihiers.
M. — Châteaugontier, 16; Laval, Mayenne (arr^t).

V. **Mesures.**

CHANGEMENTS apportés à la propriété. — S'ils sont préjudiciables au colon et qu'ils troublent sa jouissance, le propriétaire lui doit une indemnité.

M. L. — Angers N.-E.
M. — Mayenne (arr^t).

V. **Conversions.**

CHANVRE. — **Broyage** et **Teillage** (col. part.). — A la charge du colon.

M. L.— Angers N.-O., Briollay, Chemillé, 81; Durtal, 165; Segré, 77; Vihiers, 61.
M. — Châteaugontier, 67; Laval, 80; Mayenne (arr^t).

— **Ensemencé** (1). — Moitié des terres arables.

M. L. — Beaufort. (Terres de la vallée de l'Authion.)

— Un tiers des guérets destinés aux gros blés ou un tiers des récoltes sarclées.

M. L. — Durtal, 7.

---

(1) Fèves ou colza peuvent remplacer le chanvre.

— Il est fait par le fermier entrant.

M. — Gorron.

CHAPEAU des vignes. — Dans les vignes en pente, l'entretien du chapeau incombe au propriétaire du terrain le plus élevé.

M. L. — Thouarcé.

CHARDONS. — Destruction. — Le fermier est tenu d'exécuter tous les règlements relatifs à la destruction des chardons.

M. L. — Angers N.-E., S.-E.

— Ils doivent être arrachés avant la maturité des graines.

M. L. — Briollay, Chemillé, Durtal, St-Florent, 17 ; Louroux, 34 ; Ponts-de-Cé, 12 ; Segré, Vihiers.

M. — Châteaugontier, 19 ; Ernée, 18 ; Laval, 21 ; Mayenne (arr^t).

CHARRÉES. — Consommation.

V. **Cendres** : les mêmes règles sont applicables.

CHARROIS dus par fermier. — A moins de conventions spéciales, le fermier n'est tenu à aucun charroi.

M. L. — Angers N.-E.

— Le fermier doit, sans salaire, avec les harnais du lieu, l'approche à pied d'œuvre de tous les matériaux, pris dans les dépôts les plus rapprochés.

M. — Ambrières (1), Gorron, Mayenne.

— Le propriétaire peut exiger, annuellement, trois charrois dans un rayon de deux myriamètres ou deux charrois dans un rayon de trois myriamètres ; le fer-

---

(1) Pierre et sable, 1 kil. ; bois, 1 myr.

mier est chargé à l'aller et au retour, le tout sans préjudice des transports pour l'approche à pied d'œuvre des matériaux nécessaires aux réparations et réfections.

M. — Laval, 9.

— Sont dispensés de tout charroi, les fermiers qui n'ont pas d'attelage suffisant.

M. L. — Angers S.-E., 42.
M. — Châteaugontier, 5 ; Laval, 2.

— **Indemnité** pour charrois. — Tout fermier auquel son propriétaire donne congé, a droit à une indemnité si, dans l'année de sortie, il a fait des charrois pour de grosses réparations ou reconstructions.

M. — Gorron, Mayenne.

— **Prescription.** — Ils doivent être exécutés dans l'année à peine de prescription : le propriétaire ne peut, s'ils n'ont pas eu lieu, en réclamer le prix en argent, ni les reporter sur l'année suivante.

M. L. — Angers N.-O., Cholet.
M. — Laval, 9 ; Mayenne (arr^t).

V. **Réparations, bois, chaux, pierres, sable, etc.**

V. **Cidres** et **récoltes** (col. part.).

CHARRUE. — **Bois.** — Le bois nécessaire pour la construction des charrues est ordinairement fourni par le propriétaire.

M. L. — Beaupréau.

— *V.* **Queues de charrue.**

— **Ferrures.** *V.* **Maréchal taillandier.**

CHASSE. — **Droit de chasse.** — Il est toujours réservé au propriétaire.

Pour détruire cette présomption , il faut des conventions contraires écrites.

M. L. — Angers N.-E., N.-O., S.-E., Briollay, Chalonnes, 4 ; Champtoceaux, Chemillé, Cholet, Durtal, 14 ; St-Georges, 19 ; Louroux, 21 ; Montrevault, Ponts-de-Cé, 2 ; Segré, 3 ; Vihiers.

M. — Châteaugontier, 2 ; Laval, 2 ; Mayenne (arr^t).

— Indemnité au fermier. — Elle n'est due qu'au cas d'abus, le fermier étant obligé de supporter les inconvénients ordinaires de la chasse.

M. L. — Angers S.-E., 31.

CHASSES. — Déchets de battage.

V. Balles.

CHAUFOURNIERS. — Ouvriers. — Gages. Ils sont payés au mois.

M. L. — Chalonnes, 44.

— Louage (Durée du). — Pour une campagne, c'est-à-dire pour la durée de la marche des fourneaux.

M. L. — Chalonnes, 44.

— Résiliation. — Ils ne peuvent se retirer avant le terme de leur engagement sans motifs graves, sinon ils sont passibles de dommages intérêts.

M. L. — Chalonnes, 44.

CHAUMES. — Consommation. — Sur place : le fermier ne peut ni les vendre, ni les enlever, soit au cours, soit à la fin du bail.

M. L. — Angers N.-O., S.-E., 44 ; Baupréau, Chalonnes, 11 ; Champtoceaux, Chemillé, 9 ; Cholet, Durtal, 83 ; St-Florent, 26 ; St-Georges, 34 ; Louroux, 35 ; Montrevault, 8 ; Noyant, Ponts-de-Cé, 5 ; Saumur, Segré, 10 ; Seiches.

M. — Châteaugontier, 7 ; Ernée, 9 ; Laval, 10.

— La défense de les enlever à la fin du bail

n'existe pas pour le fermier d'une borderie porte-à-
col, d'une closerie ou d'une terre volante.

M. L. — St-Florent, 32 ; Saumur N.-O., Vihiers, 38.

**— Coupe. — A qui elle incombe et à quelle époque
elle doit être faite la dernière** année.

— Elle doit être faite par l'entrant, qui les ramasse
et les conduit à la ferme.

M. L. — Angers N.-E., S.-E., Baugé (1), Beaupréau,
Beaufort, Cholet, St-Florent, Gennes, Montreuil-B., Noyant,
Ponts-de-Cé, Saumur, Seiches.

— La coupe est imposée au sortant.

M. L. — Segré.
M. — Laval, 49.

— Cette opération doit être terminée le 8 septembre au plus tard.

M. L. — Seiches.

— Le 15 septembre.

M. L. — Baugé, Noyant.

— Le 3 septembre.

M. L. — Châteauneuf (arr^t de Segré).

— Si le bail prend fin à la Toussaint, c'est à l'entrant de les couper; si le bail finit à la Saint-Georges,
ils sont coupés et rentrés par le sortant.

M. L. — Vihiers.

— Arrière-récolte. — Ils doivent être coupés
par l'entrant : on ne tient pas compte de la date du
bail.

M. L. — Vihiers.
M. — Laval, 49.

---

(1) Le fermier sortant ne laisse debout que les chaumes de froment et de seigle. — Baugé.

— Ils sont coupés et embargés le premier novembre, un tiers par le sortant, deux tiers par l'entrant.

M. — Bais, 27.

— **Hauteur.** — 0,33 centimètres, sans distinguer la nature des récoltes.

M. L. — Angers N.-E.

V. Avoine, froment, orge, sarrazin, seigle.

— **Pacage.** — Prohibé.

M. L. — Thouarcé (r. g. du Layon).

M. — Laval, 12.

— Permis après le 22 septembre (Saint-Maurice), sans préjudice du droit qui appartient à l'entrant d'enlever les chaumes, afin de labourer les champs destinés à la culture de l'avoine.

M. L. — Thouarcé (r. dr. du Layon).

— Permis lorsque les chaumes ont été sciés.

M. L. — Châteauneuf (arr¹ de Segré).

— Le fermier sortant peut, après l'Angevine, faire pacager ses bestiaux dans les chaumes de l'entrant.

M. L. — Durtal, 112.

— **Partage** entre l'entrant et le sortant.

— L'entrant prend deux tiers, le sortant un tiers, et lorsqu'il n'a pas fait consommer sa part, il la laisse sur le lieu.

M. L. — Angers N.-E., S.-E., 16 et suiv.

M. — Villaines.

— La totalité à l'entrant, mais les frais de récolte sont à sa charge.

M. L. — Longué, 6.

— La totalité à l'entrant.

M. L. — Montfaucon.

— Le sortant peut les employer tous pour la nourriture et la litière de ses bestiaux. S'il ne les emploie pas, il les laisse sur place.

M. L. — Saumur N.-E., N.-O.

— Cinq sixièmes à l'entrant ; un sixième au sortant pour ses litières. Il ne peut prendre ce sixième que dans les pièces de terre indiquées par l'entrant.

M. — Laval, 50.

'— Même règle que ci-dessus, mais le choix appartient au sortant ; de plus, la part de l'entrant doit être coupée par lui et enlevée avant l'Angevine.

M. L. — Durtal, 112.

— Si la sortie a lieu le 25 avril, le sortant laisse seulement à l'entrant un sixième des chaumes de l'année précédente.

M. L. — Durtal, 116.

V. **Froment, seigle, orge, avoine.**

CHAUSSÉES (des cours d'eau).—**Réparation.**
— Elle est à la charge des co-propriétaires.

M. L. — Champtoceaux, 42 ; Montrevault.

CHAUX. — Battage. — La chaux, mélangée avec les terreaux, doit être battue deux fois, dont la première, quinze jours au plus tard après le mélange.

M. L. — Durtal, 90.

— **Extinction et mélanges.** — Pour éteindre *quatre* hectolitres, il faut *cinq* mètres cubes de terreaux ; à défaut de terreaux, on prend la terre des champs, en prenant garde de ne faire, pour l'avoir, aucune excavation.

M. — Châteaugontier, 18 ; Laval, 20.

—. On la mélange avec les curures des fossés et les déchets des aires.

M. — Mayenne.

— La chaux, éteinte, est remuée une fois et mélangée avec les engrais du lieu, pour céréales de printemps et d'hiver.

M. — Laval, 20.

— Le fermier sortant ne peut, pour éteindre sa chaux, prendre terres ou gazons que dans les champs destinés à son dernier ensemencement.

M. L. — Durtal, 91.

— **Quantité par hectare.**

— Sur les terres semées en céréales d'hiver ou de printemps, on met 16 hectolitres de chaux mélangée avec les engrais de la ferme. (On peut employer des fumiers équivalents.)

M. L. — Chemillé, Segré, Vihiers.
M. — Châteaugontier.

— 30 hectolitres (l'emploi est facultatif).

M. L. — Angers N.-E.
M. — Mayenne.

— *Id.* pour grains d'hiver.

— 24 hectolitres.

M. — Ernée, 16.

— 12 hectolitres pour prés.

M. — Mayenne.

V. **Fumiers.**

— **Réparations** (Chaux nécessaire aux).

— Le fermier est obligé d'aller la chercher au four le plus proche.

M. L. — Chemillé, 7 ; Segré, 8.

— Jusqu'à un myriamètre.

M. — Châteaugontier, 5 ; Laval, 8.

— Au chef-lieu de canton, s'il n'y a pas de dépôt plus proche.

M. — Ernée, 7.

CHEMINÉE. — Construction. — Il faut placer entre la cheminée et le mur voisin une plaque en fonte, ou élever un contre-mur en briques.

M. L. — Beaupréau, Durtal (1), Saumur S.

—On doit laisser un espace libre de 0ᵐ 33, ou construire un contre-mur de 0ᵐ 50.

M. L. — Gennes.

— On établit un briquetage de 0ᵐ 11 jusqu'à la hauteur du manteau ou une plaque en fer.

M. L. — Baugé.

Entretien. — Contre-cœurs, chambranles et tablettes.. — L'entretien de ces parties est à là charge du fermier ou du locataire.

M. L. — Beaufort, Beaupréau, Gennes, Seiches.
M. — Châteaugontier, Laval, Mayenne (arrᵗ).

CHEMINS d'exploitation. — L'entretien est à la charge du fermier qui, toutefois, ne fournit pas le macadam. *V. ce mot.*

M. — Châteaugontier, 3 ; Laval, 3.

V. Passages.

CHEPTEL. — On nomme *bail à cheptel* celui des animaux dont le profit se partage entre le propriétaire et celui à qui il les confie (C. c., art. 1711). Ce genre de bail est très-rare dans le ressort de la Cour d'Angers.

---

(1) Dans ce canton, le contre-mur a 0ᵐ 16 1/2, ou la plaque en onte s'appuie sur un simple mur de 0ᵐ 50.

— On désigne aussi communément par le mot de *cheptel* l'ensemble des bestiaux qui forment l'objet du bail.

S'il a été fourni un cheptel sans indication de têtes de bétail, le propriétaire a le choix de celles qu'il doit recevoir du fermier lors de la restitution ; toutefois son choix doit être fait avant l'estimation.

M. L. — Durtal, 24.

CHEVAL (Vente). — Un licol neuf doit être fourni par le vendeur.

M. L. — Cholet.

CHEVALAGE. — C'est un labour pour les vignes, plus profond que le déchaussage et qui se fait au pic entre deux rangs. Cette façon n'est pas rigoureusement exigée.

M. L. — St-Georges, 58.

V. **Vignes.**

CHIENDENTS. — Destruction. — Elle doit se faire avant la maturité des graines.

M. L. — Briollay, Chemillé, St-Florent, 17 ; Louroux, 34 ; Ponts-de-Cé, 12 ; Segré, 21.

M. — Châteaugontier, 19 ; Laval, 21 ; Mayenne (arr^t).

— Du 15 avril au 1er juillet.

M. L. — Durtal, 131.

V. **Herbes** et **plantes** nuisibles.

CHOUX. — Consommation.

— Elle se fait sur place, comme fourrage.

M. L. — Chemillé, 9 (et ailleurs généralement accepté).

— **Délaissement des choux par le sortant à l'entrant.**

— **Choux des champs.**

— Le sortant doit laisser des choux à l'entrant.

.M L. — Baugé.

— **Quantité** à laisser.

— Egale à celle qu'il a trouvée à son entrée.

M. L. — Longué, 13.

— 10 pieds de choux d'hiver par hectare.

M. L. — Louroux, 49.

— 100 pieds par 100 fr. de fermage.

M. L. — St-Georges, 45.

— 2 ares 75 centiares plantés en choux par hectare de terre labourable ensemencée annuellement en blé.

M. L. — Beaufort.

— **200** *cavaliers* par hectare semé en blé d'hiver.

M. L. — Briollay, Durtal, 114; Segré, 56.
M. — Châteaugontier, 51 ; Laval, 55.

— Il n'est pas tenu d'en laisser, et il peut faire consommer avant le 1er novembre tous ceux qu'il a plantés.

M. L. — St-Florent, 28, 33.

— S'il en laisse, il lui est dû une indemnité réglée par expert.

M. L. — Montrevault.

— Il peut les enlever lorsque l'entrant vient en planter au 1er novembre qui précède son entrée.

M. — Laval, 64.

— **Choux de jardin.** — **Quantité à laisser.**

— Tous les communs ou cavaliers.

M. — Bais, Villaines.

V. (*Même article*) **Effeuillage.**

— **Distance** à laisser entre les plantations de choux et l'héritage voisin.

— Cinquante centimètres.

M. L. — Beaugé, Beaufort.

— **Effeuillage par le fermier sortant.** — Jusqu'au 1er novembre (sur les choux plantés par l'entrant), le sortant peut enlever les feuilles basses, mais de façon à ne pas nuire à leur croissance.

M. L. — Angers N.-O. (1), Segré, 48.

— Jusqu'à sa sortie, le sortant effeuille les choux qu'il a plantés dans le jardin. Il doit laisser à l'entrant les troncs non étêtés.

M. — Couptrain, Lassay, Mayenne, Villaines.

— **Engrais.** — Il est fourni par le fermier entrant et préparé par le sortant.

M. L. — Segré, 48.

— L'entrant fume avec l'engrais de la ferme.

M. L. — St-Georges, 41 ; Montfaucon.
M. — Couptrain, Ernée, Laval, 64.

— **Enlèvement par le sortant** (Epoque.)

— En temps utile pour permettre à l'entrant de labourer.

M. L. — Thouarcé.

— Avant leur floraison, sinon ils seraient considérés comme récolte ; le terrain ne pourrait plus être ensemencé et serait considéré comme jachère.

M. L. — Beaufort.

— **Ensemencement** (Choux **Cholette**).

— L'entrant a le droit de venir en semer aux endroits ordinaires.

M. L. — Champtoceaux, 24 ; Montrevault.

---

(1) Dans ce canton, le sortant fournit la moitié du plant.

— (Choux **Poitevins**).

— Le sortant peut semer, sur le chanvre de dernière année, de la graine de choux, mais il est tenu d'enlever le plant avant la Toussaint.

M. L. — Longué, 8.

— **Étendue de terres** que l'on peut semer en choux ou autres *verts*.

— Un tiers des terres labourables.

M. L. — Montfaucon.

— Moitié des terres labourables.

M. — Châteaugontier, 13.

— Un douzième au moins des terres arables est réservé aux choux ou aux pommes de terre, et autres plantes fourragères.

M. — Laval, 17.

— **Plantation** (Choux des champs).

— **Distance.** *V.* ce mot (*même article*).

— **Droit de planter des choux.** — Il faut à l'entrant l'agrément du sortant.

M. L. — Ponts-de-Cé.

— **Indemnité due par l'entrant pour les plantations de choux.**

— Elle consiste dans une compensation équitable réglée, à défaut d'accord amiable, par le juge de paix ou par un expert.

M. L. — Montrevault, Thouarcé.

— Elle consiste dans le droit accordé au sortant d'ensemencer en céréales, au-delà du tiers, une quantité de terres égale à celle cultivée en choux par l'entrant.

M. L. — St-Georges.

— **Terres mises à la disposition de l'entrant.**

— Un dixième des terres arables (dès le 1er mars).

M. L. — Chemillé, 42; Louroux, 43; Segré, 48; Thouarcé, r. g. (1).

— Un quart des terres restées en jachères. (Il peut remplacer les choux par du coupage.)

M. L. — Angers N.-O.

— Une étendue indéterminée.

M. L. — St-Georges.
M. — Ernée, 33; Laval, 64 (dès le 1er novembre).

— Les terres précédemment plantées en grand blé.

M. L. — Montfaucon, Thouarcé.

— **Plantation** (choux des jardins).

— **L'entrant** peut en planter dans le jardin à partir du 30 novembre.

M. — Lassay (2), Villaines.

— A partir de la Toussaint.

M. — Gorron.

— A partir du 1er décembre.

M. — Couptrain.

V. **Fourrages.**

CIDRES.

— **Entonnage** (col. part.). — *Faits au fur et à mesure de la maturité des fruits,* ils sont entonnés avant le partage.

M. L. — Angers N.-O., Briollay, Segré, 77.
M. — Châteaugontier, 67; Gorron, Mayenne.

— **Fabrication.** — **Date.** — Ils doivent être pressurés avant le 1er janvier.

M. — Laval, 53.

---

(1) Un vingtième : Thouarcé, r. d.
(2) Il plante dans les vides.

— **Eau.** — Il ne peut entrer que dix litres d'eau pour cent litres.

— **Pressoir.** — Les cidres sont fabriqués au pressoir du lieu dans les bâtiments qui leur sont destinés jusqu'au 1er avril.

M. L. — Segré, 54.
M. — Châteaugontier, 49 ; Laval, 53.

— **Id...** au pressoir du lieu et peuvent y rester jusqu'au soutirage.

M. L. — Briollay.

— Le propriétaire paie la moitié des frais de location d'un pressoir s'il n'y en a pas d'établi dans la ferme.

M. — Mayenne.

— **Livraison** de la part du propriétaire (col. part.).

— **Epóque.** Un mois après la fabrication.

M. — Couptrain.

— **Tonneaux.** — Sont fournis par le propriétaire.

M. — Couptrain, 77 ; Laval, 81 (1).

— **Transport.** — Le fermier doit le charroi du cidre au domicile du propriétaire ou au lieu qu'il lui a indiqué.

M. L. et M. — Tous les cantons.

— Jusqu'à deux myriamètres.

M. L. — Briollay, Segré, 78.
M. — Ernée, 52 ; Châteaugontier, 68.

— Jusqu'à trois myriamètres.

M. — Laval.

______

(1) Dans cet arrondissement, le fermier doit remplacer les cercles endommagés s'il y a, sur la ferme, du bois pour cercler.

— **Marcs** (Propriété des marcs de cidre).

— IIs sont laissés à l'entrant. Et si le sortant vend ou emporte les fruits à cidre, il doit à son successeur une indemnité de 0 f. 20 c. par hectolitre de fruits emportés.

— Cette indemnité n'est pas due si le pressoir n'a pas été mis à sa disposition.

M. L. — Segré, 54.
M. — Châteaugontier, 49.

— Ils sont considérés comme engrais et laissés par le sortant.

M. L. — Angers S.-E., 21 ; Briollay.

— Le marc de *poires* peut être consommé par le sortant ; mais le marc de *pommes* doit être réservé à l'entrant pour faire du petit cidre.

M. — Laval, 54.

— **Petit cidre.** — Il ne peut pas être fait sans l'agrément du propriétaire.

M. L. — Angers N.-O., Durtal, 197 ; Segré, 17.
M. — Châteaugontier, 67 ; Gorron, Laval, 80 ; Mayenne.

CITROUILLES. — Elles doivent être *consommées* sur place, comme plantes fourragères.

M. L. — Baugé, Thouarcé.

— Le fermier est obligé de *fumer* les terres ensemencées en citrouilles.

M. L. — Noyant.

V. **Plantes fourragères.**

CLOISONS de planches (r parations des).

— Elles sont à la charge du fermier.

M. — Châteaugontier, 3 ; Laval, 3.

CLOSEAUX ou **Friches.** — On appelle ainsi, dans certains cantons, des morceaux de terre isolés, en tout ou en partie enclos de murs ou de haies, et quelquefois réservés à des cultures spéciales.

On y cultive particulièrement les coupages annuels, les racines fourragères et les pommes de terre.

M. L. — Durtal, 2.

M. — Ernée, Gorron, Horps, Villaines.

— On y sème le chanvre et le lin.

M. — Landivy.

— Cependant ils sont considérés comme les autres champs faisant partie du corps de ferme et ils sont soumis aux mêmes cultures.

M. L. — Ponts-de-Cé, 8 ; Segré, 10.

M. — Châteaugontier, Laval, Mayenne (arr¹).

CLOSERIE. — On appelle de ce nom les exploitations de moins de dix hectares.

M. L. — Chalonnes, St-Georges.

— De moins de huit hect.

M. L. — Angers S.-E.

— De moins de sept hect.

M. L. — Angers N.-E.

— Toute exploitation où il n'y a pas de bœufs.

M. L. — Angers N.-O., St-Georges.

V. les articles spéciaux, comme **assolement, bail, congé, etc.**

CLÔTURES. — **Changements** ou **destructions**. — Le propriétaire les modifie ou les supprime à son gré, où, comment et quand il lui plaît, sans qu'il soit dû d'indemnité au fermier.

M. L. — Durtal, 103.

M. — Ambrières.

— Le *vieux bois* des clôtures refaites à neuf dans l'année de la sortie, appartient au fermier sortant.

M. L. — Thouarcé.

— Pour l'entretien des clôtures. *V.* **Haies.**

— Pour la *clôture* des prés. *V.* **Prés.**

COLONIE PARTIAIRE.

— Le bail à colonie partiaire, autrement dit « à moitié fruits, » est un contrat par lequel le propriétaire d'un fonds rural le donne à cultiver à une autre personne, sous la condition que les fruits naturels et industriels seront partagés entre eux par moitié.

Ce mode d'affermage se rapproche du contrat de société : il constitue, en effet, une exploitation à frais et profits communs ; l'un des associés (le propriétaire) fournit le sol, les bâtiments et paie une partie des dépenses ; l'autre (le fermier) apporte, avec les instruments aratoires, son travail et son industrie. Les articles suivants du code sont une application pratique de cette idée :

Art. 1763. « Celui qui cultive sous la condition d'un partage de fruits avec le bailleur, ne peut ni sous-louer, ni céder, si la faculté ne lui en a été expressément réservée par le bail. »

1764. « En cas de contravention, le propriétaire a droit de rentrer en jouissance, et le preneur est condamné aux dommages-intérêts résultant de l'inexécution du bail. »

1771. « Le fermier ne peut obtenir de remise (*V.* au mot **bail**, les art. 1769 et 1770), lorsque la perte des fruits arrive après qu'ils sont séparés de la terre, à moins que le bail ne donne au propriétaire une quotité de la récolte en nature ; auquel cas le propriétaire doit supporter sa part de la perte, pourvu que le preneur ne fût pas en demeure de lui délivrer sa portion de récolte.... »

Nous renvoyons le lecteur aux mots spéciaux. *V.* :

— **Pour l'apport du colon.** — Bestiaux, instruments aratoires, semences.

— **Pour la direction de l'exploitation.** — Bestiaux, élèves (castration, sevrage), haies, étalon, soins aux récoltes, travaux de culture.

V. aussi : **Echanges de terres** et **fermiers généraux.**

— **Pour la répartition des récoltes et des fruits.**

— Abeilles.
— Bestiaux.
— Beurre.
— Cidres.
— Emondes.
— Lait.
— Légumes et fruits du jardin.
— Pailles et chaumes.
— Porcs.
— Récoltes.
    —   Partage.
    —   Prélèvement du fermier.
    —   Transport de la part du propriétaire.
— Volailles.

— **Pour la répartition des dépenses :**

— Cribleurs.
— Engrais.
— Foires et marchés.
    —   Frais de conduite des bestiaux.
    —   Péage.
— Impôts.
— Maréchal-ferrant, taillandier.
— Saillies.
— Taupier.
— Vétérinaire.

COLZA. — **Distance à laisser entre les cultures de colza et les héritages voisins.**

— 0 m. 50 c.

M. L. — Beaufort.

— **Ensemencé.** —Le fermier sortant peut en semer dans le tiers des terres destinées aux blés.

M. L. — Thouarcé, 15.

V. Graines oléagineuses.

COMPOST. — On désigne par ce mot un mélange destiné à fertiliser la terre. Il est composé, suivant les lieux, de substances prises sur les ados, dans les fossés et au fond des ruisseaux des mares et des étangs. On y fait entrer toutes sortes de matières : le tan, la suie, la craie, la chaux, la marne, les balayures des rues et des routes, les lies et résidus des matières fermentées, le gazon, le poussier de tourbe, les cendres, les feuilles des arbres, les marcs de fruits, etc.

L'expérience a depuis longtemps prouvé que le fumier et la terre végétale, disposés par couches alternatives, formaient une masse d'engrais d'un effet plus considérable que celui de chacun de ses composants.

— **Usage pour les prés.**

— Les terres provenant des ruisseaux et rigoles, les feuilles et autres débris doivent être immédiatement amassés et enlevés, ou mieux mis *en tombes* dans les prés. Et dès que ces terres sont réduites en compost, on les étend, soit après l'enlèvement des foins, soit pendant l'hiver.

M. — Couptrain.

V. Engrais.

CONCASSEUR de pommes. — **Réparations** sont à la charge du fermier.

M. L. — Segré, 5.

M. — Châteaugontier, 5 ; Laval, 5.

CONDUITE du fermier sortant. *V.* **Année** (dernière), et, pour ses rapports avec l'entrant, les *articles spéciaux.*

CONGÉ. — **Le bail verbal** ne cesse pas de plein droit, et, pour empêcher la *tacite réconduction* (1), le preneur est tenu, dans les délais d'usage, de signifier au bailleur (et réciproquement) sa volonté de ne pas le renouveler.

— La même nécessité existe pour **certains baux écrits** qui sont faits pour une durée dite : « *trois, six* ou *neuf....* »

La troisième ou la sixième année, si l'une des parties veut faire cesser la location, elle le déclare à l'autre aux époques que nous indiquerons. Sans cette formalité, régulièrement remplie, le bail continue pour une nouvelle période de trois ans.

— Pour les dispositions du Code civil relatives au congé, *V.* à **Bail**, les articles 1736, 1737, 1739, 1759, 1762, 1774, 1775, 1776.

— **Utilité** du congé (2).

— Il est nécessaire pour empêcher la tacite réconduction quand il s'agit d'un bail verbal.

M. L. — Saumur Sud.

— Si la location comprend une habitation et des terres volantes que l'on considère comme accessoires, il faut donner congé.

M. L. — Angers S.-E., 14.

---

(1) *V.* ce mot.
(2) A cause de la longueur de la partie *Epoque*, nous n'avons pas suivi, pour l'*Utilité* et la *Forme*, l'ordre alphabétique. Les rares indications qui répondent à ces titres, trouvées dans les procès-verbaux, sont placées logiquement après la définition et les renvois au code.

— Le bail des *hérit. rur.* finit de plein droit à l'expiration de trois ans, au cas où l'héritage exige ce laps de temps pour tout recueillir, et d'un an s'il s'agit d'un fonds dont les fruits se récoltent en entier dans cette courte période.

M. L. — Angers S.-E., 13.

— **Forme** du congé. — Une simple reconnaissance signée du bailleur ou du preneur pourra tenir lieu du congé.

M. L. — Thouarcé.

— Un acte dûment signifié, sinon un congé amiable donné et accepté par écrit.

M. L. — St-Florent, 15.

— **Époque à laquelle il faut donner congé.**

— **Aucune distinction** dans l'importance ou la nature de la localité ou de la ferme.

— Six mois d'avance.
M. L. — Gennes, Montfaucon.
M. — Ambrières, Ernée, Gorron, Laval, Mayenne, Pré-en-Pail (1).

— Dix mois.
M. — Châteaugontier, 1.

— Un an.
M. L. — Champtoceaux (2), Chemillé, Durtal, 12 ; Montreuil-Bellay.
M. — Villaines.

— **Auberges.**
— Un an.
M. L. — Durtal, 18 ; Saumur Sud, Vihiers.

---

(1) Dans ce canton, un an pour les grandes terres, et s'il y a bail authentique.

(2) Dans ce canton, le délai d'un an ne s'applique pas aux terres volantes.

— Six mois si le prix excède 100 fr., trois mois s'il est inférieur.

M. L. — St-Georges, 81.

M. — Landivy, Lassay, Villaines.

— Borderie. — Trois mois.

M. L. — Montfaucon, Montrevault.

— Six mois.

M. L. — Chalonnes, 3; Champtoceaux, 32.

— Un an.

M. L. — Cholet.

— Boulangeries. — Un an.

M. L. — Saumur Sud.

— Boutiques et **Cafés** (*avec ou sans appartements.*)

— Six mois.

M. L. — Angers S.-E., N.-O., Cholet.

— Six mois pour un loyer supérieur à 100 fr. et trois mois pour un moindre.

M. L. — St-Georges.

M. — Landivy, Lassay, Villaines.

— Un an.

M. L. — Durtal, 18; Saumur Sud, Vihiers.

— Une **Cave** seule. — Trois mois.

M. L. — Angers N.-E., Saumur Sud.

— Chambres garnies (*louées au mois.*)

— Quinze jours à l'avance.

M. L. — Angers N.-E., S.-E., 131 (1); Baugé, Saumur Sud, Thouarcé.

---

(1) Les militaires en garnison, les employés de l'État dont la résidence est temporaire, ne sont pas astreints à donner congé en cas de déplacement forcé. Ils font connaître au bailleur leur changement dès qu'il leur est connu, et ils ne paient rien au-delà du temps qu'ils ont occupé l'appartement.

Angers S.-E., 134.

— (*Louées à l'année.*) — Six mois à l'avance.

M. L. — Angers N.-E.

— **Chambres à feu** (*Une seule*).

— Trois mois.

M. L. — Angers N.-E., N.-O., S.-E., Briollay.

— (*Plusieurs*). — Six mois.

M. L. — Angers N.-E., S.-E.

— Trois mois.

M. L. — Angers N.-O.

— (*Une seule avec grenier et cave.*)

— Six mois.

M. L. — Angers N.-E., N.-O., S.-E., Saumur Sud.

— (*Une seule avec cour ou portion de cour privative.*)

— Six mois.

M. L. — Angers N.-O., S.-E.

— (*Une seule avec jardin.*)

— Six mois.

M. L. — Angers N.-E., N.-O., S.-E.

— **Closeries.**

— Un an.

M. L. — Chalonnes, 3 ; Cholet, Louroux, 8 ; Ponts-de-Cé (1), Vihiers.

— Six mois.

M. L. — Angers N.-E., St-Florent, 15 ; St-Georges (2).

---

(1) L'exploitation doit comprendre une maison et au moins 1 hectare 50 ares de terres labourables, non compris les jardins et les prés, avec un fermage annuel de 200 fr.

(2) Trois mois, au-dessous de 100 fr.

— **Ecurie.** — Trois mois.

M. L. — Angers N.-O., S.-E.

— **Ferme** (sans distinction).

— Un an.

M. L. — Briollay, Chalonnes, Cholet, Doué, St-Florent, St-Georges, Louroux, Montreuil-Bellay, Ponts-de-Cé, Saumur N.-O., Vihiers.

M. — Villaines.

— Un an, si la ferme est grande; six mois, si elle est petite.

M. L. — Angers N.-E., N.-O.

M. — Pré-en-Pail.

— Dix mois.

M. L. — Segré, 2.

— Six mois.

M. — Ambrières, Gorron, Mayenne.

— Six mois pour un fermage supérieur à 100 fr. et trois mois, au-dessous.

M. L. — St-Georges.

M. — Lassay, Landivy, Mayenne.

— **Grenier.** — Trois mois.

M. L. — Angers N.-E.

— **Jardins.** - Sans distinction.

— Six mois.

M. L. — Angers S.-E., 122.

— **Suivant les prix.**

— Six mois : au-dessus de 100 fr.

— Trois mois : au-dessous ...

M. L. — St-Georges, 81.

— Six mois : au-dessus de 50 fr.

— Trois mois : au-dessous ..

M. L. — Louroux, 89.

— Jardins *isolés*.

— Trois mois.

M. L. — Vihiers.

— Le congé se donne la veille de la Toussaint.

M. L. — Chalonnes, 3.

— Si la location est inférieure à 20 fr. par an, on ne donne pas congé.

M. L. — St-Florent.

— Jardins *avec maison*.

— Six mois.

M. L. — Angers N.-E., N.-O. (1), S.-E.

— **Magasin (ou local servant de)**.

— Trois mois.

M. L. — Angers N.-E.

— **Maison** (entière).

— **Sans distinction**.

— Six mois.

M. L. — Angers N.-E., S.-E., Baugé, Beaupréau. Briollay, Champtoceaux, Chemillé, Chalonnes, Noyant, Saumur Sud.

— Trois mois.

M. L. — Beaupréau, Champtoceaux, Chemillé, 95 ; Doué, Montreuil-Bellay, Vihiers.

— **Suivant les prix**.

— Au dessus de 50 fr.

— Six mois :

M. L. — Durtal, 18 ; Louroux, 89 ; Pont-de-Cé, 89 ; Saumur N.-O. (2).

M. — Couptrain.

---

(1) Si le jardin est considéré comme l'objet principal de la location, c'est un an.

(2) Il faut toutefois qu'il n'y ait ni boutique ni magasin, sinon ce serait un an.

— Au dessus de 100 fr.

— Six mois.

M. L. — Thouarcé.
M. — Landivy, Lassay.

— Au dessus de 200 fr.

— Un an.

M. L. — Beaupréau, Thouarcé.

— Six mois.

M. L. — Cholet.

— Au dessous de 400 fr.

— Six mois.

M. L. — Montrevault (sinon un an).

— Au dessous de 100 fr.

— Trois mois.

M. L. — Beaufort (1), Cholet, St-Florent, Gennes, St-Georges, Thouarcé.
M. — Bais, Landivy, Lassay.

— Trois mois.

— Au dessous de 50 fr.

— Trois mois.

M. L. — Durtal, 18 ; Longué, 19 ; Louroux, Ponts-de-Cé, 59 ; Saumur N.-O.
M. — Couptrain.

— Au dessous de 60 fr.

— Trois mois.

M. L. — Baugé.

— De 50 à 100 fr.

— Six mois.

M. L. — Longué, 19 ; Ponts-de-Cé.

---

(1) Si la maison est dans une commune rurale, c'est 6 mois.
Beaufort.

— Maison (portion de).

— Trois mois.

M. L. — Baugé, Chalonnes, 3.

— Si le prix n'excède pas 50 fr., et s'il n'y a pas de boutique au rez-de-chaussée, trois mois ; sinon six mois.

M. L. — Saumur Sud.

— Métairies.

— Sans distinction.

— Un an.

M. L. — Noyant, Saumur N.-O., Sud.

— Un an si l'assolement est annuel ; deux ans, s'il est biennal ; trois ans, s'il est triennal.

M. L. — Longué.

— Six mois.

M. — Bais.

— Trois mois.

M. L. — Montrevault.

V. **Congé** et **ferme,** *sans distinction de la nature ou de l'importance de la location.*

— Moulins.

— Au dessus de 50 fr. : Six mois.

— Au dessous. . . . : Trois mois.

M. L. — Louroux, 89.

— Au dessus de 100 fr. : Six mois.

— Au dessous. . . . : Trois mois.

M. L. — St-Georges, 81.

— **Prés.** — Le congé n'est pas nécessaire si la location est inférieure à 20 fr.

M. L. — St-Florent.

— Il se donne la veille de la Tousssaint.

M. L. — Chalonnes, 3.

— Six mois, au dessus de 100 fr.

— Trois mois, au dessous. . . . .

M. L. — St-Georges.

— Trois mois.

M. L. — Vihiers.

— Terrains de la vallée.

— Six mois.

M. L. — Chalonnes.

— Terres volantes (sans maison).

— Le congé n'est pas nécessaire.

M. L. — Angers N.-E., Doué, Ponts-de-Cé (1).

— Il n'est nécessaire que s'il y a eu tacite réconduction.

M. L. — Longué.

— Le congé n'est nécessaire que dans le cas où le locataire a continué de jouir après la première année. Et, dans ce cas, il est donné six mois avant le 1er novembre.

M. L. — Angers N.-O.

— La veille.

M. L. — Cholet *(terres non assolées)*, Montfaucon, Montrevault.

— Trois mois.

M. L. — St-Florent (2).

---

(1) Lorsqu'il est donné néanmoins, c'est ordinairement le 31 octobre.

(2) Si la location des terres volantes n'excède pas 20 fr. par an, il n'est pas nécessaire de donner congé.

— Six mois.

M. L. — Chalonnes, 3 ; Vihiers, 71.

— Six mois, au dessus de 50 fr.

— Trois mois, au dessous. . .

M. L. — Louroux, 89.

— Six mois, au dessus de 100 fr.

— Trois mois, au dessous. . . .

M. L. — St-Georges.

— Dix mois.

M. L. — Briollay.
M. — Châteaugontier, 75.

— Un an.

M. L. — Cholet (1), Noyant, Saumur Sud.

— Terres volantes avec maison.

— Le congé est nécessaire.

M. L. — Angers S.-E., 14 et 111.

— Usine (2).

— Un an.

M. L. — Durtal, 18.

— Vignes détachées.

— Trois mois.

M. L. — Vihiers.

— Le congé n'est pas nécessaire si la location annuelle est inférieure à 20 fr.

M. L. — St-Florent.

— Il n'est exigé que s'il y a eu tacite réconduction.

M. L. — Longué, 21.

---

(1) Terres volantes avec assolement.
(2) On désigne, dans quelques cantons, les moulins sous le nom d'usine.

CONSERVATION de jeunes arbres.

V. Arbres, baliveaux, émondage, renaissance, taillis.

CONSOMMATION des produits agricoles (*naturels ou artificiels*).

— Certains produits doivent être consommés sur place.

V. Ajoncs, balles, bettes et betteraves, carottes, cendres, charrée, chaumes, engrais, foins, genêts, litières, navets, pailles, plantes fourragères, pommes de terre, sons, etc.

CONSTRUCTIONS élevées sur la ferme par le fermier.

— Le propriétaire peut les retenir, moyennant indemnité basée sur la valeur des constructions.

M. L. — Beaufort.

V. Loges.

CONTRIBUTIONS. *V.* Impôts.

CONVERSION des champs en prés.

— Les terres, ainsi converties, ne sont plus distinguées des anciens prés de la ferme.

M. — Gorron.

— Cette conversion est interdite au fermier et au propriétaire, sauf accord.

M. — Couptrain.

CORPS DE FERME. — Une propriété est réputée corps de ferme, lorsqu'elle joint, à une habitation rurale, l'exploitation d'une étendue de terres suffisante pour que ces terres forment l'objet principal.

M. L. — Angers N.-O.

— Il faut que l'exploitation contienne un hectare et demi au moins de toutes terres labourables, non compris les prés et les jardins.

M. L. — Segré.

COUPAGES. — On nomme ainsi des plantes fourragères coupées *en vert* (vesceaux, jarosses, etc.), qui permettent d'attendre la maturité des foins.

— Étendue des terres qui doivent être semées en coupages de printemps.

— Un douzième des terres arables.

M. L. — Segré, 17; Vihiers.

— Un douzième au moins et un sixième au plus.

M. — Laval, 17.

— Un sixième.

M. — Châteaugontier, 13.

— En proportion du nombre des bestiaux entretenus sur la ferme (... avant le 20 octobre).

M. — Mayenne (1).

— Ensemencés de l'entrant.

— L'entrant peut semer en coupages le sixième des chaumes de froment. Cet ensemencé doit être fait dans un seul champ, autant que possible. On choisit le morceau de terre qui se rapproche le plus de la quotité demandée.

M. — Mayenne.

— L'entrant peut se servir des animaux et instruments du sortant, qui, en retour, s'il n'a pas achevé

---

(1) Le fermier doit avoir d'ailleurs, en fourrage artificiel de toute nature, d'hiver et d'été, au moins le sixième de l'ensemencé des blés d'hiver.

Mayenne, 16.

son ensemencé le 15 novembre , se sert de ceux dé l'entrant.

M. L. — Briollay, Segré, 49 ; Vihiers, 44.

— Un sixième des chaumes, dès le 1er novembre qui précède son entrée, et le sortant ne peut lui refuser ses harnais et ses écuries.

M. L. — Chemillé, 42.

— Un quart des chaumes de froment. Les coupages peuvent être faits avec les bestiaux, harnais et instruments du sortant, à la charge de payer une indemnité de 15 fr. par hectare ; de son côté, le sortant peut, moyennant la même indemnité, se servir au besoin des mêmes objets appartenant à son successeur, pour faire une pareille quantité de son ensemencé de sortie, s'il n'est pas achevé au 1er novembre.

M. — Châteaugontier, Laval.

— Un quart des terres en jachère. (L'entrant peut, à son gré, les remplacer par des choux.)

M. L. — Angers N.-O.

— Un dix-huitième des terres labourablés.

M. — Mayenne, 40.

— L'entrant n'a aucun droit sur les coupages qui ne doivent pas porter graines, sauf sur ceux faits dans la sole des grains d'hiver.

M. — Laval, 38.

— Le fermier peut semer des coupages sur les grands choux qui sont espacés de deux sillons.

M. L. — Longué, 9.

— L'entrant peut semer , après le 20 mars, des coupages sur le quart au plus de l'ensemencé du froment. Il ne peut herser, il enterre les graines avec le râteau et prudemment.

M. — Gorron, 16.

COUPE des arbres, bois, céréales, fourrages, haies, taillis. *V. ces mots*, et **émondage**.

COUR.

— **Commune.** — Il est défendu aux ayants-droit d'y rien laisser séjourner pendant plus de 24 heures.

M. L. — Durtal, 39.

— Ils peuvent cependant y laisser les porcs pendant le temps employé à les panser et à nettoyer leurs toits, dont la porte donne sur la cour.

M. L. — Durtal, 40.

— Le **nivellement** est à la charge du fermier.

M. L. — Baugé, Beaufort, St-Georges, Louroux, Seiches, Thouarcé.

V. **Aire batuelle.**

COURS D'EAU. — Le fermier en doit l'entretien.

M. L. — Angers N.-E.

V. **Drainage, irrigation, fossés.**

COUVERTURES. — *V.* **Toitures** (répar. locat.).

CRAMPONS. — Ferrures destinées à assujettir les espaliers.

V. **Espaliers.**

CRÉCHES. — Entretien. *V.* **Râteliers**, mêmes règles.

CRIBLEUR (col. part.). — Son salaire est payé par moitié.

M. L. — Angers N.-E., Briollay, Chemillé, Louroux, 73; Segré, 80; Vihiers.

M. — Châteaugontier, Laval, Mayenne (arr¹).

CROISÉES (Entretien). — A la charge du fermier qui doit les laisser ouvrant et fermant régulièrement.

M. L. — Beaufort, Noyant, Seiches.
M. — Châteaugontier, 3 ; Laval, 3.

CROISSANTS. — Ferrures appliquées aux cheminées afin de retenir les pelles et pinces.

— Les réparations et le remplacement, au cas de perte, sont à la charge du fermier et du locataire.

M. L. — Gennes.

V. **Réparations locatives.**

CULTURES (changements de).

— L'autorisation du propriétaire est nécessaire au fermier qui veut changer la culture établie pour les terres. *V.* **Conversion.**

M. L. — Angers, S.-E., 48.

— **Interdiction**, pour le fermier ou colon, de cultiver des terres autres que celles de l'exploitation louée, lors même que ces terres lui appartiendraient.

M. L. — Durtal, 15.

Mélangée (culture). — On nomme ainsi la culture de plantes de diverses natures. Elle n'est admise qu'autant que ces plantes arrivent à la maturité et se récoltent à la même époque, surtout la dernière année. Par exception, le trèfle et autres plantes des prés artificiels peuvent être semés avec ou sur les céréales.

M. L. — Baugé.

V. articles spéciaux.

D

DÉPOUILLAGE. *V.* **Vignes.**

DÉCHAUSSAGE. *V.* **Vignes.**

DÉCHETS de bois et copeaux.

— Propriété.

— (Provenant des bois des réparations, réfections et reconstructions.)

— Ils doivent revenir au propriétaire.

M. L. — Angers S.-E., Champtoceaux, Chemillé, Montrevault, 6 ; Segré, 8 ; Vihiers.
M. — Châteaugontier, 5 ; Couptrain.

— Ils sont laissés au fermier, qui doit en donner aux ouvriers pour tremper la soupe. *V.* **Soupe.**

M. L. — Angers N.-E., 1 ; Chalonnes.
M. — Ernée, 5.

— (Provenant de l'abattage ou de la coupe du bois de chauffage.)

— Ils sont réservés au propriétaire.

M. L. — Vihiers.
M. — Ernée, 6.

— Transport.

— Les déchets, dus au propriétaire, sont charroyés à son domicile aux frais du fermier, jusqu'à la distance d'un myriamètre.

M. L. — Angers S.-E., Champtoceaux, Chemillé, Montrevault, Segré.
M. — Châteaugontier.

DÉCHETS de battage. *V.* **Balles et épigots.**

DÉLAI pour le congé. *V.* **Congé.**

DÉMÉNAGEMENT et **Emménagement.**

— Héritages urbains.

— Le locataire entrant peut apporter ses meubles dès le 24 juin ; on donne au sortant jusqu'au 25, à midi.

M. L. — Beaufort.

— Le jour même de la Toussaint ou de la Saint-Georges.

M. L. — Cholet.

— Le 2 novembre.

M. L. — Briollay.

— Héritages ruraux.

— On accorde au fermier sortant jusqu'au lendemain, à midi, du jour de l'expiration du bail. L'entrant peut emménager dès le jour même.

M. L. — Angers N.-E., N.-O., S.-O., Beaufort, Briollay, Durtal, St-Florent, Louroux, Ponts-de-Cé, Segré.

M. — Châteaugontier, Laval.

— Le déménagement doit être fait le jour de l'expiration du bail, à midi.

M. — Ambrières.

— Le déménagement et l'emménagement s'opèrent le 21 avril, à midi. Ils n'ont lieu que le lendemain, si le 21 est un jour férié.

M. — Lassay.

— *Id.* pour le 23 avril.

M. — Ernée, Gorron, Landivy, Villaines.

— Le déménagement et l'emménagement n'ont lieu que le lendemain.

M. — Mayenne.

— Pour les baux de Pâques, le déménagement et l'emménagement commencent le lundi de Pâques. On accorde au sortant *la petite semaine*, c'est-à-dire jusqu'au samedi.

M. — Pré-en-Pail.

— On accorde au sortant trois jours.

M. L. — St-Georges.

— Cinq jours.

M. L. — Chalonnes.

— Si le bail date du 1er novembre, le déménagement se fait le lendemain ; mais il se fait le jour même, s'il part du 23 mars.

M. L. — Chemillé.

— Baux du 1er novembre ou du 23 avril, le déménagement et l'emménagement ne se font que le lendemain.

M. L. — Vihiers.

DENIER-A-DIEU. *V.* **arrhes** et **domestiques**.

DÉPENSES à partager entre le propriétaire et le colon, ou entre le fermier sortant et l'entrant. *V. Articles spéciaux*.

DERNIÈRE ANNÉE de jouissance. *V.* **Année**. — Pour les rapports du fermier entrant avec le sortant, *V.* **Récoltes** et les *articles spéciaux*.

DEUIL (habits de). — Les vêtements de deuil, donnés aux domestiques, restent leur propriété lorsqu'ils ont été portés pendant toute la durée du deuil ; sinon, ils sont remis au maître pour servir aux nouveaux domestiques.

M. L. — Angers N.-E.

— Ces vêtements doivent être rendus au maître s'il les redemande.

M. L. — St-Georges, 99.

DIRECTION DE L'EXPLOITATION (col. part.). — Elle appartient au propriétaire.

M. L. et *M.* — Tous les cantons.

V. **Exploitation.**

DISTANCES légales.

— Arbres et haies.

—Art. 671 du code civil. « Il n'est permis de planter des arbres de haute tige qu'à la distance prescrite par les règlements particuliers actuellement existants ou par les *usages constants et reconnus* ; et, à défaut de règlements et usages, qu'à la distance de *2 m.* de la ligne séparative des deux héritages pour les arbres à haute tige, et à la distance *d'un demi-mètre* pour les autres arbres et haies vives.

— 672. Le voisin peut exiger que les arbres et les haies plantés à une moindre distance soient arrachés. Celui sur la propriété duquel avancent les branches des arbres du voisin, peut contraindre celui-ci à couper les branches. Si ce sont les racines qui avancent sur son héritage, il a droit de les y couper lui-même. »

Pour les usages locaux. *V.* **Plantations.**

— Constructions et dépôts.

— Art. 674. « Celui qui fait creuser un puits ou une fosse d'aisance près d'un mur mitoyen ou non ;

Celui qui veut y construire cheminée ou âtre, forge, four ou fourneau, y adosser une étable ;

Ou établir contre ce mur un magasin de sel ou un amas de matières corrosives ;

Est obligé à laisser la distance prescrite par les

règlements et usages particuliers sur ces objets, ou à faire les ouvrages prescrits par les mêmes règlements et usages, pour éviter de nuire au voisin. »

V. chacun des mots énoncés dans cet article.

DOMESTIQUES.

— Art. 1780. Code civil. « On ne peut engager ses services qu'à temps, ou pour une entreprise déterminée.

— 1781. Le maître est cru sur son affirmation, pour la quotité des gages ; pour le paiement du salaire de l'année échue ; et pour les à-comptes donnés pour l'année courante. »

— On distingue, pour les usages, deux sortes de domestiques (1) : 1º Les serviteurs attachés à la personne, comme valets de chambre, femmes de chambre, cochers, cuisinières, etc. ; on les appelle *domestiques personnels* ;

2º Les serviteurs attachés à l'exploitation agricole ; tels sont les garçons et les filles de ferme, les bouviers et les vachères, etc.

(Nous aurons soin d'indiquer par cette parenthèse (dom. pers.) le cas où il s'agira exclusivement des premiers. Nous allons suivre, pour les nombreuses matières de cet article, l'ordre alphabétique le plus détaillé.)

— **Apprentissage.** — Ce n'est pas un motif admissible de résiliation.

M. L. — Angers N.-E., N.-O., S.-E., 148 ; Beaufort,

---

(1) On ne comprend pas sous ce nom les journaliers et ouvriers qui ne demeurent pas à la maison, comme les métiviers, vignerons et tous autres hommes payés *à la journée* ou *à la tâche.*

V. Les articles spéciaux.

Briollay, Champtoceaux, Chalonnes, 42 ; Chemillé, 102 ; Cholet, Doué, Durtal, 68 ; St-Florent, St-Georges, Louroux, Montrevault, Ponts-de-Cé, 47 ; Segré, 107.
M. — Châteaugontier, 92 ; Laval, 108 ; Mayenne (arr^t.).

— Arrhes. *V. ce mot.*

—Auberge (domestiques d'). — Ils sont assimilés aux domestiques ruraux, et les mêmes règles leur sont applicables.
M. L. — Durtal, 82 ; Louroux, 103.

— Blanchissage. — Il est dû aux domestiques par le maître qui fait la lessive pour lui-même ; mais ni le repassage ni le ravaudage ne sont exigibles.
M. L. — Durtal, 76.
M. — Landivy.

— Cessation d'exploitation. — Cette cessation ne dégage pas le maître vis-à-vis du domestique. Celui-ci peut cependant offrir ses services au successeur ; s'ils ne sont pas acceptés, il lui est dû une indemnité.
M. L. — Angers S.-E., 149 ; N.-O., Briollay, Champtoceaux, 50 ; Durtal, 71 ; St-Georges, Louroux, Montrevault, Ponts-de-Cé, 48 ; Segré, 109.
M. — Ambrières, Châteaugontier, 93 ; Ernée, 76 ; Gorron, Lassay, Laval, Villaines.

— Le contrat de louage n'est pas rompu, et le domestique doit achever son service chez le nouveau fermier.
M. L. — St-Florent, 8.

— Si le successeur est héritier ou conjoint du fermier décédé, le louage subsiste de plein droit.
M. — Ambrières, Mayenne.

— Denier-à-Dieu. *V.* **Arrhes.**

— Départ du maître pour une résidence éloignée

du canton *(dom. pers.).* C'est un cas de résiliation ; mais une indemnité est due au domestique.

M. L. — St-Georges, 89 ; Louroux, 109.

— Cette indemnité est égale au *douzième* des gages pour le temps à courir.

M. L. — St-Florent, 12.

— **Deuil** (habits de). *V.* **Deuil.**

— **Durée et date du louage.** — Un an complet, — partant du 24 juin.

M. L. — Angers N.-E., N.-O., S.-E., 135 ; Baugé (1), Beaufort, Briollay, Chalonnes, Durtal, 61 ; St-Florent, St-Georges, 82 ; Longué, 22 ; Louroux, 97 ; Montfaucon, Ponts-de-Cé, 41.

M. — Châteaugontier, 88 ; Laval, 104.

— Un an complet, — datant du 24 juin ou du 1er novembre.

M. L. — Beaupréau, Cholet.

— Un an complet, — du 23 avril après midi.

M. — Ernée, Gorron, Landivy, Laval.

— Un an complet, — de Pâques (ordinairement).

M. — Couptrain.

— Un an complet, — du 1er mars.

M. — Ambrières, Mayenne.

— Un an complet, — de mars ou d'avril.

M. — Horps, Lassay.

— Un an complet, — du 1er novembre.

M. L. — Chalonnes, 38.

— Un an complet, — du 24 juin ou du 1er novembre ; *trois mois,* — du 1er mars au 1er novembre ; *quatre mois,* — du 24 juin au 1er novembre.

M. L. — Chemillé, 96.

------

(1) La tacite réconduction a lieu pour le louage des domestiques.

— Un an complet, — du 1er mars ou du 21 avril.

M. L. — Bais, 69.

— Un an complet, — du 24 juin ; ou le temps compris entre le 24 juin et le 1er novembre.

M. L. — Champtoceaux, 43 ; Montrevault.

— Si le contrat de louage commence sur l'année, il n'en finit pas moins aux époques indiquées.

M. L. — Baugé, Beaufort, Durtal, 61 ; St-Georges, 82 ; Louroux, 17.

M. — Laval, 104.

— (**Dom. pers.**) — Un an complet, — du 24 juin.

M. L. — Chalonnes, 38.

— Quatre mois, — du 24 juin au 1er novembre.

M. L. — Beaupréau.

— **Engagement militaire** (volontaire). — Ce motif ne délie pas le domestique vis-à-vis du maître.

M. L. — Angers N.-E., N.-O., S.-E., 148 ; Beaufort, Briollay, Chalonnes, 42 ; Chemillé, 102 ; Cholet, Durtal, 68 ; St-Florent, 2 ; St-Georges, Louroux, Ponts-de-Cé, 47 ; Segré, 107.

— **L'appel** sous les drapeaux est, au contraire, un cas légitime de résiliation.

M. L. — Durtal, 69.

— **Entrée chez le maître.** (*V.* **Durée et date.**)

— Le 24 juin, au coucher du soleil.

M. L. — St-Georges, Louroux, 115.

— Le 25 juin.

M. L. — Baugé, Beaufort.

— **Sur l'année.** *V.* le dernier paragr. de **durée** et **date.**

— **Femmes** (servantes dans les fermes). — Elles sont considérées comme attachées à la personne.

M. L. — St-Florent, 19.

— **Gages.** *V. ce mot.*

— **Inconduite.** — C'est un motif de renvoi. Le maître ne doit pas d'indemnité au domestique ; il peut même lui réclamer des dommages-intérêts.

M. L. — Beaufort, Durtal, 72 ; St-Georges, Louroux.

— **Injures** du maître ou du domestique sont une cause de résiliation que l'injurié peut faire valoir.

M. L. — Longué, 27.

— **Indemnité pour résiliation avant l'exécution du contrat de louage.**

— *En tous cas*, si la résiliation est voulue par le domestique, sans raisons admissibles, il rend les arrhes.

— *Dans les 24 heures* du marché, aucune indemnité n'est due.

— *Après 24 heures*, le maître perd le *denier-à-Dieu simple* si la rupture vient de lui ; et le domestique qui la provoque rend le *denier-à-Dieu double*.

M. L.—Angers N.-E., S-E., 145 ; Beaupréau, Chalonnes, 45 ; Champtoceaux, Cholet, Durtal, 64 ; St-Florent, St-Georges, 83 ; Gennes, Montrevault, Montreuil-Bellay, Saumur N.-O., Sud.

— *Trois mois avant l'entrée* en service, même règle.

— *Moins de trois mois* avant... de part ou d'autre, il est dû une indemnité égale au douzième du prix du gage de l'année.

M. L. — Briollay.
M. — Châteaugontier, 90.

— *Egale au cinquième.*

M. — Bais, 72.

— *Deux mois et plus, avant...* le maître qui se dédit, perd les arrhes, le domestique les rend doubles.

M. L. — Chemillé.

— Moins de deux mois.... De part ou d'autre, l'indemnité est du douzième au tiers des gages de l'année, suivant le plus ou moins de rapprochement de l'époque d'entrée.

M. L. — Ponts-de-Cé, 42 et 43 ; Segré, 102 et 103.
M. — Gorron, Laval, 105 (*dans les trois mois*).

— Elle est du vingtième au tiers.

M. L. — Angers N.-O.

— Du douzième au cinquième.

M. — Villaines.

— Du cinquième.

M. — Landivy, Pré-en-Pail (arrhes non comprises).

— Plus d'un mois avant..., le maître, ou le domestique paie une indemnité égale au dixième du louage fixé.

M. L. — Chemillé.

— Le maître perd les arrhes, le domestique les rend doubles.

M. L. — St-Florent, 4.

Moins de un mois..., l'indemnité, de part ou d'autre, est égale au tiers du prix fixé.

M. L. — Chemillé, 98.

— Dans le mois qui précède l'entrée... de part ou d'autre, l'indemnité varie, suivant l'époque, de *un* à *quatre* douzièmes des gages.

M. L. — Champtoceaux, Montrevault.

Elle est du douzième des gages convenus.

M. L. — St-Florent, 4.

— Avant le 24 mai exclusivement..., le maître perd les arrhes, le domestique les rend doubles ; après cette date, l'indemnité est égale à un tiers des gages.

M. L. — Beaufort, Longué, 25.

— *Avant le premier dimanche de juin...*, de part ou d'autre, l'indemnité est du cinquième des gages de l'année.

La simple remise des arrhes ne suffit pas pour dégager les parties : elles doivent se prévenir réciproquement un mois à l'avance; sinon il y a lieu à une indemnité arbitrée par le juge de paix sans pouvoir jamais être inférieure au douzième du gage (arrhes comprises).

M. L. — Thouarcé.

— *Dans la première moitié du temps* compris entre le marché et la Saint-Jean, on peut résilier de part et d'autre en rendant le double des arrhes.

M. L. — Seiches.

— Le maître ne perd que les arrhes simples.

M. L. — Durtal.

— Dans la deuxième moitié, il est dû une indemnité arbitrée par le juge de paix.

M. L. — Seiches.

— Elle varie du douzième au tiers.

M. L. — Durtal.

— **Après l'entrée en service, au cours du contrat** (*indemnité due pour résiliation*).

— *Dans tous les cas* de résiliation, qu'elle provienne du maître ou du domestique, il y a lieu à une indemnité arbitrée par le juge de paix.

M. L. — Angers N.-E., Baugé, Beaupréau, Chemillé, 97 ; Cholet, St-Georges, 102 ; Louroux, 103 ; Saumur Sud, S.-E., 142 ; Seiches.
M. — Ernée.

— En général, et *sans distinction d'époque*, de

part ou d'autre, l'indemnité est égale au tiers des *gages restant à courir*.

M. L. — Montreuil Bellay, Saumur N.-O., Thouarcé (1).

Elle est égale au tiers des gages de l'année.

M. L. — Longué, 26 ; Noyant.

— *On ne tient pas compte de l'époque* à laquelle le contrat est résilié.

— Le louage peut être résilié de part ou d'autre sans indemnité, en se prévenant huit jours d'avance (dom. pers.).

M. L. — Angers N.-E , S.-E., 138 ; Doué, Saumur Sud.
M. — Couptrain (2).

— Même règle que ci-dessus, mais en se prévenant quinze jours d'avance (dom. pers.).

M. L. — Gennes, Louroux, 100.

— Un mois.

M. L. — Thouarcé, 2.

— Dix jours d'avance.

M. L. — Champtoceaux, 45 ; Montrevault.

— Si la résiliation *vient du maître*, il doit les gages courus, plus les arrhes. Si la résiliation *vient du domestique*, il doit le double des arrhes (dom. pers.).

M. L. — Baugé.

— Une indemnité égale au douzième des gages est due par celle des parties qui résilie (dom. pers.).

M. L. — St-Florent, 11.

---

(1) Dans ce canton, les quatre mois d'été sont calculés comme représentant la moitié de l'année.

(2) Même usage pour les domestiques de ferme, s'il est un motif légitime de résiliation.

— L'indemnité est égale au tiers des gages restant à courir, sans distinguer quand et par qui s'opère la résiliation.

M. L. — Longué (1), Montreuil-Bellay, Noyant, Saumur N.-O., Thouarcé (2).

— Une indemnité de quinze jours est due par l'une ou par l'autre des parties, sans distinction du temps d'été ou d'hiver, en cas de congé valable.

M. L. — Thouarcé, 6.

L'indemnité est arbitrée par le juge de paix.

M. L. —Angers S.-E., 142 ; Chalonnes, 39 et 40 (3); Saumur Sud, Seiches.

— L'indemnité est égale au cinquième des gages restant à courir, que la résiliation vienne de part ou d'autre.

M. — Bais, 71 ; Couptrain, Ernée, 73 ; Horps, Villaines.

— *On tient compte de l'époque* à laquelle le contrat est résilié.

— Si la résiliation a lieu *dans la huitaine* de l'exécution du contrat, aucune indemnité n'est due : le domestique garde les arrhes pour son salaire.

Après cette époque, si la résiliation vient du domestique, le maître a droit à une indemnité égale au tiers des gages restant à courir et même à une indemnité supplémentaire, si le départ a lieu au moment des semailles ou de la récolte.

M. L. — Gennes.

---

(1) L'indemnité est égale au tiers des *gages de l'année.*
(2) Les quatre mois d'été représentent, en valeur, la moitié de l'année.
(3) Mais si le maître renvoie le domestique, les arrhes sont dues en sus des gages. Si au contraire la résiliation vient du domestique, les arrhes sont déduites des gages qui lui sont dus.

— Dans le mois qui suit l'entrée au service, si la résiliation vient du maître, il perd le denier.

Si la résiliation vient du domestique, il doit, comme indemnité, le double du denier.

Après le premier mois, l'indemnité ne peut être inférieure au douzième des gages, ni supérieure au tiers, que la résiliation vienne de part ou d'autre.

M. L. — Champtoceaux, 46 ; Montrevault.

— Si la résiliation vient du domestique :

1° *Dans les six premiers mois*, il doit un cinquième des gages à courir.

2° *Dans les six derniers mois*, même indemnité avec moitié du denier.

— Du 1ᵉʳ avril au 31 octobre, l'indemnité due par le domestique est égale au tiers des gages ; celle due par le maître est moitié moindre.

Du 1ᵉʳ novembre au 31 mars, l'indemnité due par le maître est égale au sixième des gages ; celle due par le domestique est moitié moindre.

M. L. — Briollay (1), Durtal (1), St-Florent, 5.
M. — Châteaugontier (2), Laval (2).

— Si le domestique résilie *avant le 24 juillet*, il doit :

1° Le montant de ses gages pendant la durée de son service.

2° Les arrhes qu'il a reçues.

3° Un tiers de la somme qu'il devait gagner annuellement.

---

(1) du 1ᵉʳ novembre au 31 mars, l'indemnité due par le maître est égale aux 2/6 des gages à courir ; celle due par le domestique est égale à 1/6.

(2) Pour Châteaugontier et Laval, même remarque que ci-dessus ; mais les périodes datent des 1ᵉʳ novembre et 1ᵉʳ mai.

— Si le domestique résilie après le *24 juillet*, il doit une indemnité égale au tiers des gages restant à courir : les gages échus lui sont dus.

— Si la résiliation vient du maître, il doit les mêmes indemnités que le domestique.

M. L. — Beaufort.

— Du 1ᵉʳ *mai au* 1ᵉʳ *novembre*, si la résiliation provient du domestique, il doit une indemnité moitié plus forte que celle qui serait imposée au maître.

— Du 1ᵉʳ *novembre au* 1ᵉʳ *mai*, on suit la règle contraire.

— L'indemnité est arbitrée par le juge de paix ; elle ne peut être inférieure au douzième des gages ni supérieure au tiers.

M. L. — Angers N.-O. (1), Chemillé, 99 (2); Ponts-de-Cé, 44; Segré, 104.

— *Du* 1ᵉʳ *mai au* 1ᵉʳ *novembre*, l'indemnité à payer par le domestique est du tiers des gages annuels, et par le maître du sixième.

Du 1ᵉʳ novembre au 1ᵉʳ mai, c'est le contraire.

M. — Gorron.

— **Journées perdues.** — Si elles sont perdues par autres causes que la maladie, elles doivent être remboursées au maître, non pas sur le pied du salaire annuel, mais eu égard à la saison où la perte se produit.

M. L. — Beaufort, Louroux, 112.

— L'indemnité à payer s'évalue au prorata du salaire annuel.

M. L. — Durtal, 79.

---

(1) L'indemnité peut être abaissée au vingtième.
(2) L'indemnité ne peut être inférieure au dixième.

— Si le domestique est remplacé par un homme de journée, il doit rembourser au maître le prix de ce remplacement.

M. L. — Beaufort, Durtal, Louroux, 113.

— Journées réservées par le domestique — Le choix en appartient au maître.

M. L. — Durtal, 77.

— Maladies (journées perdues par). — On concède au domestique une semaine, pour laquelle il ne doit aucune indemnité.

M. L. — Durtal, 80 ; Louroux, 111.

— Le domestique, empêché par maladie, doit compte au maître de la perte de son temps, calculée sur le pied de son salaire annuel.

M. L. — Beaufort.

— Il doit refaire les journées perdues, à l'expiration de l'année ; sinon, il doit au maître une indemnité arbitrée par le juge de paix.

M. — Lassay.

— S'il est arrêté par un accident arrivé dans l'accomplissement de son service, il doit au maître une indemnité calculée sur le pied de son gage annuel : s'il est malade par toute autre cause, le maître a droit au remboursement intégral des dépenses faites pour le remplacer.

M. L. — St-Georges, 100.

— Si l'interruption est sérieuse, il subit une diminution proportionnelle.

M. — Landivy.

— Il subit une retenue.

M. — Ambrières.

— Si l'interruption est de plus de sept jours, c'est un cas de résiliation et de renvoi de la part du maître ; et le domestique est payé au prorata du gage annuel, sans distinguer bonne ou mauvaise saison.

— Si elle est momentanée, un journalier est pris aux frais du domestique remplacé.

M. — Couptrain.

— La maladie ne donne pas lieu à une réduction, si elle ne se prolonge pas. Toutefois si le maître prend un journalier, c'est le malade qui le paie.

M. L. — Baugé.

— **Mariage.** — Ce n'est pas une cause suffisante de résiliation.

M. L. — Angers N.-E., N.-O., S.-O., 148 ; Beaufort, Briollay, Chalonnes, 42 ; Chemillé, 102 ; Cholet, Durtal, 68 ; St-Florent, 2 ; St-Georges, Louroux, Ponts-de-Cé, 147 ; Segré, 107.
M. — Ambrières, Châteaugontier, 92 ; Ernée, 54 ; Gorron, Horps, Landivy, Laval, 108 ; Villaines.

— Le mariage est un motif admissible pour la résiliation.

M. L. — Champtoceaux, Montrevault.
M. — Couptrain (1), Lassay.

— **Mort du maître.** — Le domestique peut ou se retirer ou offrir ses services au fermier successeur...

— Si le successeur les refuse, le domestique a droit de demander aux héritiers de son maître des dommages-intérêts.

---

(1) À moins que le domestique, en se mariant, ne se place ailleurs. Alors il est payé au prorata du gage annuel, sans distinguer bonne ou mauvaise saison.

— Si le successeur est en même temps l'héritier, le contrat de louage continue sans modification.

M. L. — Angers N.-E., N.-O., S.-E., Beaufort, Briollay, Chemillé, 103 ; St-Florent, 8 (1) ; St-Georges, Louroux, Ponts-de-Cé, Segré, 110.

M. — Châteaugontier, Laval, Mayenne (arr¹).

— Si les héritiers offrent de continuer le louage, et que le domestique s'y refuse, il n'a droit à aucune indemnité.

M. L. — Beaufort.

— **Nombre.**

— Un homme valide par dix hectares.

M. L. — Segré, 4 ; Vihiers.

— Chiffre indéterminé, mais quantité suffisante pour faire, en temps utile, tous les travaux de la ferme.

M. L. — Angers S.-E., Chalonnes, 5.

M. — Laval, 5.

— **Offices religieux.** — Le maître doit laisser ses domestiques assister aux offices religieux au moins une fois par quinzaine.

M. L. — Noyant.

— **Responsabilité** (2). — Les domestiques sont responsables du dommage qu'ils laissent causer aux bestiaux.

M. L. — Longué.

— **Santé (mauvaise).** — Si elle est prouvée par un certificat de médecin, le domestique est autorisé à résilier sans indemnité.

M. L. — Beaufort, Durtal, 70 ; St-Georges, 99 ; Louroux, 111.

V. (même article) **Maladie.**

---

(1) L'indemnité est du douzième des gages à courir.

(2) Nous rappelons aux maîtres qu'ils sont, vis-à-vis des tiers, responsables des faits de leurs serviteurs. C. C. art. 1384.

— Sorties du dimanche.

— Le dimanche et les jours de fête, ils peuvent, avec *l'autorisation du maître*, aller à leurs affaires ou à leurs plaisirs : ils doivent rentrer, du 1er avril au 30 septembre, à 10 heures du soir ;. du 1er septembre au 31 mars, à 9 heures du soir.

— S'ils ne sont pas présents à l'heure des repas, ils ne peuvent exiger d'être servis séparément.

M. L. — Beaufort, St-Georges, 96 ; Louroux, 116.

— Les sorties sont, en général, interdites aux domestiques, si le maître ne les leur a permises.

M. L. — Longué.

Temps dû au maître. — . En principe, les domestiques doivent au maître tout leur temps.

Cependant, les dimanches et fêtes reconnues, ils ne sont tenus que des soins des bestiaux et du ménage, excepté au moment de la récolte, où, même ces jours là, ils doivent exécuter tous les travaux nécessaires.

M. L. — Beaupréau, Beaufort, Durtal, 76 ; St-Florent, 2 ; St-Georges, 95 ; Louroux, 113 ; Noyant, Ponts-de-Cé, 95.

(C'est un principe presque unanimement accepté, bien que beaucoup de procès-verbaux l'aient omis.)

— Travaux. — Les domestiques exécutent tous les travaux indistinctement, à moins qu'ils n'aient été gagés pour un objet spécial.

M. L. — Beaufort, Beaupréau, St-Georges, 90 ; Louroux, 110 ; Noyant, Ponts-de-Cé, 51 ; Seiches.

— Travaux le jour de la sortie. — Il exécute, jusqu'à l'heure de sa sortie, tous les travaux habituels.

M. L. — Beaufort, St-Georges, 97 ; Louroux, 117.

---

(1) Cette réserve n'a pas lieu dans les terres volantes.

— Tous les travaux du matin.

M. L. — Baugé.

— **Veuvage de la mère du domestique.** — C'est un motif légitime de résiliation si le domestique est nécessaire à sa mère, à ses frères ou sœurs.

M. L. — Durtal, 9.

— **DOMMAGES-INTÉRÊTS** (fermier sortant).

— **Causes et portée.**

— Ils sont dus pour tous les dégâts commis dans la ferme, pour tous les torts causés à l'exploitation par malice ou par négligence, pendant toute la jouissance, sans pouvoir pourtant remonter au delà des neuf dernières années.

M. L. et *M.* — Tous les cantons (1).

— **Prescription.**

— Ces dommages-intérêts sont prescrits, c'est-à-dire qu'on ne peut plus les réclamer au fermier, un an après sa sortie.

M. L. et *M.* — Tous les cantons (2).

— **Visites et constatations.**

— Pour coupe de haies avancées ou retardées, pour défaut de soins aux fossés, — il faut faire constater dans les trois mois qui suivent la sortie. L'indemnité est arbitrée par le juge de paix.

M. L. — Thouarcé.

---

(1) Cependant, si, à la suite d'un bail écrit, il y a eu tacite réconduction, ils ne peuvent être poursuivis que pour cette dernière période.

M. L. — Champtoceaux, Durtal, 202 ; Montrevault.

(2) S'ils sont dus à raison d'arbres endommagés ou détruits, la prescription est de cinq ans.

M. L. — Chemillé, 50.

— Pour défaut de culture, l'entrant doit faire deux visites contradictoires, la première avant le 15 janvier, la deuxième à l'époque de la maturité des récoltes. S'il néglige la première, il perd tout droit à l'indemnité.

M. L. — Thouarcé.

V. **Visites et montrées.**

DRAINAGE. — Opération qui consiste à placer des conduits dans les terrains humides, pour faciliter l'écoulement de l'eau.

La propagation de ce moyen puissant d'assainissement et de fertilisation a été reconnue d'utilité publique et encouragée par une loi des 17 et 23 juillet 1856. Cette loi 1° affecte une somme de cent millions à des prêts destinés à faciliter les opérations du drainage ; 2° établit un privilége sur les terrains drainés ou sur leurs récoltes et revenus, au profit de ceux qui prêteront des fonds employés dans le drainage, ce qui permet aux propriétaires de trouver plus facilement l'argent dont ils ont besoin pour améliorer leurs terres de cette façon.

DROITS DE SUITE. — *V.* **Récoltes (arrière).**

E

EAUX courantes.

—Art. 640 du Code civil. « Les fonds inférieurs sont assujettis, envers ceux qui sont plus élevés, à recevoir les eaux qui en découlent naturellement, sans que la main de l'homme y ait contribué. Le propriétaire inférieur ne peut point élever de digue qui empêche cet écoulement. **Le propriétaire supérieur ne peut rien faire qui aggrave la servitude du fonds inférieur.**

— 641. Celui qui a une source dans son fonds peut en user à sa volonté, sauf le droit que le propriétaire du fond inférieur pourrait avoir acquis par titre ou par prescription.

—642. La prescription, dans ce cas, ne peut s'acquérir que par une jouissance non interrompue pendant l'espace de 30 années, à compter du moment où le propriétaire du fonds inférieur a fait et terminé des ouvrages apparents destinés à faciliter la chute et le cours de l'eau dans sa propriété.

— 643. Le propriétaire de la source ne peut en changer le cours, lorsqu'il fournit aux habitants d'une commune, village ou hameau, l'eau qui leur est nécessaire ; mais si les habitants n'en ont pas acquis ou prescrit l'usage, le propriétaire peut réclamer une indemnité, laquelle est réglée par experts.

— 644. Celui dont la propriété borde une eau courante, autre que celle qui est déclarée dépendance du domaine public... peut s'en servir à son passage pour l'irrigation de ses propriétés. Celui dont cette eau traverse l'héritage, peut même en user dans l'intervalle qu'elle y parcourt, mais à la charge de la rendre, à la sortie de ses fonds, à son cours ordinaire.

—645. S'il s'élève une contestation entre les propriétaires auxquels ces eaux peuvent être utiles, les tribunaux, en prononçant, doivent concilier l'intérêt de l'agriculture avec le respect dû à la propriété ; et, dans tous les les cas, les règlements particuliers et locaux sur le cours et l'usage des eaux doivent être observés.

— Pluviales. . . . .

— 681. Tout propriétaire doit établir ses toits de manière que les eaux pluviales s'écoulent sur son terrain ou sur la voie publique ; il ne peut les faire verser sur le fonds de son voisin. »

— Courantes (Partage entre les riverains).

— Tantôt on établit un madrier faisant barrage dans le cours d'eau. Sur ce madrier, on pratique des entailles qui déterminent la quantité d'eau dont chacun des co-partageants a besoin.

Le plus souvent, lorsqu'il s'agit d'usines, les riverains prennent l'eau simultanément.

M. L. — Beaupréau.

— D'égoûts (propriété des eaux).

— Elle est au plus rapproché du point de départ ; s'il n'en use pas, elle revient au suivant, sans que le premier perde le droit de s'en servir, quand il le voudra dans la suite.

M. L.. — Cholet.

— Partage *entre deux propriétaires à même niveau.*

— Les eaux doivent être partagées entre eux, soit en divisant le courant, soit en prenant l'eau alternativement.

M. L. — Cholet.

ÉCHALAS. — Le fermier en doit l'entretien.

M. L. — Angers N.-E., N.-O., Baugé, Beaufort, Gennes.

— Ils sont plantés au moment de la pliure.

M. L. — Montreuil-Bellay.

ÉCHALIERS. — Clôtures faites avec des branches d'arbres. *V.* **Barrières** et **haies sèches.**

ÉCHANGES (col. part.). — Le propriétaire peut faire tous les échanges qui lui conviennent sans indemniser le fermier.

M. L. — Chemillé, 87 ; Segré, 84 ; Vihiers, 68.

ÉCHANTILLONNAGE. — Nom donné à l'état des lieux dressé à l'entrée en jouissance d'un moulin.

V. **Moulins.**

ÉCHELLES. — Le **Bois** nécessaire est pris sur le lieu.

M. L. — Briollay, Chalonnes, 6 ; Chemillé, Segré, 5 ; Vihiers.
M. — Laval, Mayenne (arr¹).

— La **main d'œuvre** et les **matériaux** sont dus par le fermier.

M. L. — St-Georges, Ponts-de-Cé.

— Les échelles **neuves** sont faites par le fermier.

M. — Laval, 3.

— **Réparations.** — Elles sont à la charge du fermier.

M. L. — Angers N.-O., S.-E., 33 ; Briollay, Chalonnes, Chemillé, St-Georges, Louroux, Montrevault, Ponts-de-Cé, 3 ; Thouarcé, Segré, 5 ; Vihiers.
M. — Châteaugontier, Laval, Mayenne (arr¹).

V. **Tour d'échelle.**

ÉCHENILLAGE. — Le fermier est tenu d'exécuter tous les règlements administratifs.

M. L. et *M.* — Tous les cantons.

ÉCOBUAGE. — Écobuer, dans certains cantons, c'est bêcher en mottes.

— On écobue les pièces de terre les plus anciennes en pâture ; c'est là que se fait sans fumier le sarrazin dit de fourneau ; on y sème seulement de la charrée.

M. — Landivy.

ÉCOBUAGE. — Dans un sens plus commun, écobuer, c'est enlever les terres des talus des haies pour éteindre la chaux ou simplement pour augmenter la masse des engrais.

— Le fermier peut écobuer les haies des champs à ensemencer ; mais cet écobuage se fait à deux mètres de distance à partir du sommet des haies, sans que le talus soit coupé à pic, afin de ménager les racines ou les pousses des arbres en arbrisseaux.

M. — Couptrain, 24 ; Ernée, 16 ; Mayenne, 20 ; Villaines, 12.

— Il faut, pour écobuer, l'autorisation du propriétaire.

M. — Laval.

V. **Chaux** et **compost.**

ÉCORCEMENT des bois. — Il ne peut être fait qu'avec l'agrément du propriétaire.

M. L. — Noyant.

— **EFFOUIL** (col. part.). — On désigne par ce mot le croît des bestiaux.

— Il est dû par le fermier au propriétaire à la Toussaint ou au plus tard à Noël.

M. — Landivy.

EFFOUILLAGE. *V.* **Vignes.**

EGOUTS des toits. — Ils emportent la propriété du fond sur lequel ils tombent.

M. L. et *M.* — Dans les cantons.

7

— Ils n'emportent qu'une largeur de 0m 50.

M. L. — Baupreau.

ÉLAGAGE ou ÉMONDAGE.

— **Age** *des branches ou émondes soumises à cette coupe périodique.*

— **Aucune distinction d'essences.**

— **A six ans, et par sixième annuellement.**

M. — Laval, 32 ; Mayenne (arr^t) (1).

— **A sept ans, et par septième.**

M. — Châteaugontier, 30.

— **Classement en bois dur et bois blanc (2).**

— *Bois dur*, à sept ou neuf ans.

M. L. — Angers N.-E., Baugé, Beaufort, Beaupréau, Chemillé, 27 ; Cholet, Longué, Montrevault, 11 ; Ponts-de-Cé, 19 ; Saumur N.-O.

— **A neuf ans.**

M. L. — Angers N.-O., S.-E., 93 ; Gennes, 2 ; Noyant, Seiches.

— **A sept ans.**

M. L. — Briollay.

— **A cinq ans et par cinquième.**

M. L. — Champtoceaux.

— *Bois blanc.*

— **A cinq ans.**

M. L. — Angers N.-E., N.-O., Baugé, Beaufort, Beaupréau, Briollay, Chemillé, Cholet, Durtal, 27 (par cinquième) ; Longué, Montrevault, Noyant, Ponts-de-Cé, Seiches.

---

(1) La coupe se fait sur la sole du sarrazin.
(2) Généralement, s'il y a mélange d'essences, la règle est imposée par l'essence qui prédomine.

— A quatre ans.

M. L. — Champtoceaux (1), St-Florent, Saumur N.-O.

— Dans un bail de neuf ans, le fermier a deux coupes, une à cinq ans, l'autre à quatre ans.

M. L. — Angers S.-E., 74 ; Beaufort.

— **Classement** par essences.

— *Chêne et châtaignier*. — A sept ans, par septième.

M. L. — Angers S.-E., 73 ; Chalonnes, 23 ; St-Florent, 20 ; St-Georges, 13 ; Louroux, 15 ; Segré, 32.

— *Id*. A neuf ans, par neuvième.

M. L. — Durtal, 27 ; Thouarcé.

— *Frêne et ormeau*. — A sept ans, par septième.

M. L. — Durtal, Louroux, Segré.

— *Id*. A cinq ans.

M. L. — Chalonnes, 23 ; St-Georges, 13 ; Thouarcé.

— *Id*. A quatre ans.

M. L. — St-Florent, 20.

— **Essences autres que chênes, brosses et châtaigniers.**

— A quatre ou cinq ans.

M. L. — Angers S.-E., 73.

— *Aulnes, saules et léards*.

— A quatre ans.

M. L. — Chalonnes, 23 ; St-Florent, 20 ; St-Georges, 13.

— A cinq ans et par cinquième.

M. L. — Durtal, 27 ; Louroux, 15 ; Segré, 32.

---

(1) Par quart annuellement.

— *Saules épars* et non plantés en haies.

— A quatre ans, par quart annuel.

M. — Ambrières, Mayenne.

— *Osiers et luisettes.*

— Chaque année.

M. L. — St-Florent, Thouarcé.

— A trois ans.

M. L. — Chalonnes, St-Georges.

V. **Osiers.**

— **Date** de l'émondage.

— La coupe doit être terminée avant le 1ᵉʳ avril.

M. L — Baugé (1), Briollay, Chalonnes, 25; Chemillé, 29;
Ponts-de-Cé, Segré.

M. — Châteaugontier, Ernée, Laval.

— Pendant l'arrêt de la sève.

M. L. — St-Florent, 20.

— Du 1ᵉʳ décembre au 1ᵉʳ mars.

M. L. — Durtal, 31.

— Du 1ᵉʳ novembre au 20 mars.

M. L. — Angers N.-E.

— Du 1ᵉʳ novembre au 1ᵉʳ avril.

M. L. — Louroux, 13.

— Du 1ᵉʳ novembre au 10 avril.

M. L. — St-Georges, 12.

— Du 1ᵉʳ décembre au 15 avril.

M. L. — Angers N.-O., 13.

— Du 1ᵉʳ décembre au 20 avril.

M. — Bais, 18.

---

(1) Dans ce canton, pour brosses ou châtaigniers, on a jusqu'au
30 avril.

— Jusqu'au 15 mars.

M. L. — St-Florent, 20.

— **Partage** (col. part.).

— Les émondes sont partagées par moitié, après prélèvement fait pour les besoins de l'exploitation.

M. L. — Baugé.

— Elles sont en totalité au colon.

M. L. — Louroux, 57.

— **Propriété**. — Les émondes appartiennent au fermier.

M. L. — Angers N.-E., N.-O., 11 ; S.-E., Beaupréau, Chemillé, 27 ; Durtal, St-Georges, 12 ; Louroux, 13 ; Ponts-de-Cé, 19 ; Segré, 32.

M. — Ambrières, Châteaugontier, 30 ; Couptrain, Ernée, Gorron, Horps, Laval, 32 ; Mayenne, Villaines.

— Elles reviennent au propriétaire.

M. L. — Noyant, Seiches.

— **Entrant.** — Dans l'hiver qui précède son entrée, le fermier peut couper le bois taillable afférent à son année.

M. — Bais, 30 ; Couptrain.

— Les émondes de six mois.

M. — Lassay.

— **Réserves, exceptions et conditions.**

— Le fermier ménage les renaissances et les jeunes arbres ; il ne peut les élaguer et les étêter sans l'ordre formel du propriétaire (1).

M. L. et *M.* — Tous les cantons.

---

(1) Le fermier est tenu d'élaguer tous les jeunes arbres que lui désigne le propriétaire, à l'époque prescrite par celui-ci, sans autre indemnité que le bois provenant de l'opération.
M. L. — Segré, 33.

— Les arbres à haute tige ne sont point soumis à l'émondage.

L. M. — Baugé, Durtal, 34.
M. — Horps, Villaines.

— Par exception, les frênes et ormes peuvent être élagués, mais seulement jusqu'aux deux tiers de leur hauteur.

M. L. — Durtal.

— Les arbres fruitiers sont seulement élagués dans leurs petites branches.

M. L. — Baugé, Durtal, 34.

— Le fermier réserve la rame de chaque douzième tête pour fournir le bois des clôtures.

M. L. — Montrevault, 11.

— Il doit, pour le même besoin, laisser des rames en quantité suffisante.

M. L. — Chalonnes, 23.

— Il réserve de préférence un têtard de châtaignier par deux hectares de terres labourables.

M. L. — Segré, 33 (excepté le canton de Châteauneuf).

-— Le fermier coupe ras, prenant les arbres taillables de rang, par égales portions et tous à la fois sur la même haie, sans pouvoir toutefois les émonder sur les parcelles qui doivent rester en pâture.

M. — Ambrières, Gorron, Horps, Mayenne, Villaines.

V. **Baliveaux** et **queues de charrue** pour les réserves.

— **Sèves.** — Si, par suite de la brièveté de son bail, le fermier ne peut pratiquer l'émondage, il lui est alloué une indemnité proportionnée au temps de la jouissance, pour les sèves qu'il a nourries, et dont il ne profite pas. Cette indemnité (de trois neuvièmes, de trois cinquièmes ou de trois quarts de la valeur de la coupe) est due par l'entrant sans aucun recours contre le propriétaire.

M. L. — Angers S.-E., 76, 94.
M. — Lassay.

— Cette indemnité de sève (proportionnée au temps de la jouissance) n'est point due sur les fermes — mais seulement sur les terres volantes.

M. — Couptrain, Gorron, Horps, Villaines.

— **Sortie.** — **A sa sortie,** le fermier est tenu de laisser un jet d'un an.

M. — Couptrain (1), Landivy.

V. **Haies et taillis,** pour la coupe.

ENGRAIS, fumiers, amendements.

— **Confection.** — Sont considérés comme engrais naturels toutes les litières et tous les fourrages (foins, pailles, chaumes, betteraves, carottes, pommes de terre, etc.).

M. L. et *M.* — Tous les cantons.

V. **Cendres et chaux.**

— Les terres des rigoles et fossés, les fientes des bestiaux recueillies au moins deux fois l'an dans les pacages, les déchets de paille, *balles, chasses ou poux :* toutes ces matières mélangées sont étendues sur les prés en temps convenable.

M. L. — Durtal, 145 ; Ponts-de-Cé, 15 ; Segré, 25.
M. — Châteaugontier, 23 ; Ernée, 21 ; Laval, 25.

V. **Écobuage.**

— **Emploi.** — Les engrais ne peuvent être vendus

---

(1) Cette réserve n'a pas lieu dans les terres volantes.

et enlevés ; ils se consomment tous sur la ferme qui les a produits.

M. L. — Angers N.-O., Beaupréau, Chalonnes, 11 ; Chemillé, 9 ; Cholet, Durtal, 83 ; St-Florent, 26 (1) ; Gennes, St-Georges, Louroux, 31 ; Montfaucon, Segré, 10 ; Vihiers.

M. — Ambrières, Bais, 5 ; Châteaugontier, 7 ; Landivy (2), 23.

— **Époque de fumure.**

— **(Terres ordinaires).**

— Le fermier n'est tenu de les fumer que tous les *trois ans.*

M. L. — Beaufort, Noyant, Seiches.

— Tous les *quatre ans.*

M. L. — Saumur N.-O.

— **Terres de la vallée.**

— Tous les deux ans.

M. L. — Beaufort.

V. les différentes récoltes.

— **Étrangers** et **industriels (engrais).** — Le fermier n'est pas tenu d'en employer.

M. — Bais.

— **(Dernière année).** — Les engrais étrangers à la ferme sont payés par l'*entrant* et le *sortant* en proportion de leurs droits à la récolte.

M. L. — Segré, 51, 52.

M. — Laval, 47.

— Ils sont payés par moitié.

M. L. — St-Georges, 38 ; Louroux, 41 ; Ponts-de-Cé, 26.

M. — Châteaugontier, 47.

---

(1) Dans les closeries, le fermier peut enlever les engrais.
M. L. — St-Florent, 32.

(2) Toutefois, l'année de sa sortie, le fermier n'est tenu de laisser qu'une quantité égale à celle reçue à son entrée.
M. — Landivy.

— **(Col. part.)** — Ils sont payés moitié par le propriétaire et moitié par le colon qui, avec les attelages du lieu, va les prendre à ses frais aux endroits où la vente s'en fait d'ordinaire.

M. L. — Angers N.-O., Briollay, Chemillé, 84 ; Durtal, 15 ; St-Florent, 40 ; Louroux, 74 ; Vihiers, 65.

M. — Ambrières, Bais, 53 ; Châteaugontier, 71 ; Ernée, 55 ; Gorron, Laval, 85 ; Villaines.

— Par exception, la chaux est payée deux tiers par le propriétaire et un tiers par le colon.

M. L. — Durtal, 95 ; Segré, 81.

— **Quantité** d'engrais à employer.

— Fumier animal : dix-huit mètres cubes au moins par hectare ; fumier végétal ou terreau, le double.

M. L. — Beaufort.

— Une charretée en douze charges de cheval pour six ares soixante centiares.

M. L. — Gennes.

— Une charretée de deux mètres cubes pour cinq ares soixante centiares.

M. L. — Seiches (1).

— Deux mètres cubes d'engrais par cinq ares cinquante centiares.

M. L. — Saumur N.-O.

— 50 francs d'engrais (étrangers à la ferme) par hectare ensemencé.

M. L. — Louroux, 31.

---

(1) Autre mesure : vingt-cinq chariots (à six bœufs) de fumier d'étable ou le double en terreau et compost par hectare. (Le fermier peut prendre telle quantité de marne qu'il voudra dans le sous-sol, à la condition de remplir les trous résultant de cette extraction par des terres prises au bout du champ.)

7.

— Pas de quantité d'engrais rigoureusement déterminée : ordinairement, deux mètres cubes par six ares soixante centiares.

M. L. — Noyant.

— Outre les engrais de la ferme, on doit mettre trente hectolitres de grosse chaux par hectare pour ensemencer en grains d'hiver.

M. — Mayenne, 20.

— **Répartition des engrais de la dernière année.**

— Le sortant, dans son dernier ensemencé, peut employer tous les fumiers faits jusqu'à Noël : après cette date, ils sont réservés à l'entrant.

M. L. — Cholet.

— Jusqu'au 1er novembre qui précède sa sortie, le fermier peut consommer tous les fumiers ; après, ils sont réservés à l'entrant.

M. L. — Beaupréau, Chemillé, 52.

— A partir du 30 novembre, les fumiers sont à l'entrant qui, seul, fait les litières, serre les feuilles et vide les étables.

M. — (C^{nes} de St-Denis et de Vautortes), Bais, 29 (1) ; Horps, 49 ; Lassay, Mayenne, 42 ; Pré-en-Pail, Villaines, 26.

— Le sortant au 23 avril laisse tous les fumiers faits depuis le 15 décembre précédent.

M. L. — Champtoceaux, 26.

— *Id.* Tous les fumiers faits depuis le 1er janvier.

M. — Laval, 64.

— *Id.* Depuis les semailles d'automne.

M. L. — Durtal, 94.

---

(1) A partir de cette date, l'entrant est tenu de les enlever des étables et de les placer dans le lieu accoutumé.

— *Id*. Depuis les semailles d'hiver.

M. — Gorron, 45.

— Le sortant doit les réserves à l'entrant, à partir du 24 juin qui précède sa sortie.

M. L. — Baugé, Longué, 6.

— Le sortant en a la disposition absolue.

M. — Ernée.

— Il doit laisser tous les fumiers sur la ferme.

M. L. — Gennes.

— Les fumiers sont laissés par le sortant, amassés dans les étables et écuries.

M. L. — Beaufort, Montreuil-Bellay.

— Ils doivent être serrés dans les cours, au plus tard le jour de la Saint-Georges, à midi ; sinon, ils sont censés appartenir à l'entrant.

M. — Landivy, 24.

— Le sortant consomme une quantité de chaume suffisante pour ses litières ; il place les fumiers dans la forme à fumier. L'entrant peut présider à ces soins.

M. — Couptrain.

— **Terres que le fermier est dispensé de fumer.**

— Les prairies artificielles défrichées pour être semées en blé ; il est dispensé de les fumer deux années de suite.

M. L. — Montreuil-Bellay.

— Les terres précédemment semées en coupages ayant reçu quarante mètres cubes de fumier par hectare : il peut y semer des céréales sans engrais nouveau.

M. — Châteaugontier, 13.

— Il est indispensable de fumer les terres après deux récoltes.

M. L. — Longué, 10.

— Les terres qui ont reçu quarante mètres cubes de fumier par hectare, lors des semailles d'automne et de printemps, peuvent être suivies de céréales d'hiver sans nouveaux engrais.

M. — Laval, 17.

V. **Sarrazin** et *autres récoltes.*

— **Terres qu'il faut fumer double.**

— Les terres où, après une récolte de colza, on veux semer du blé. Il faut ajouter à l'engrais ordinaire un demi-fumier.

V. Pour la fumure des différentes récoltes, les articles **avoine, froment, grains, prés, sarrazin, seigle**, etc.

ENSEMENCÉS.

— **Dernière année** de jouissance — **Le fermier sortant** ensemence la même quantité de terre que dans les autres années. (Il ne doit point choisir ces terres parmi les plus productives ou les plus anciennes en pâture, mais les prendre selon la rotation suivie les années précédentes) (1).

M. L. — Briollay, Ponts-de-Cé, 25 ; Segré, 43; Vihiers, 39. *M.* — Laval, 42 ; Pré-en-Pail (2).

— Un tiers des terres arables en céréales.

M. L. — Angers N.-O., 16, 18, 19, 20 (3) ; Chalonnes, 32 ;

---

(1) La prescription qui est entre parenthèses est unanimement acceptée.

(2) Sauf le cinquième ou le sixième, réservé au sarrazin.

(3) Un autre tiers en *vert* et menus grains.

Chemillé, 37 ; St-Florent, 29 ; Gennes, St-Georges, 38 ; Louroux, 42 ; Vihiers, 39.

M. — Ambrières, Bais, 20 ; Mayenne (1).

— Les deux tiers des terres arables, plus la moitié de l'autre tiers en récoltes sarclées.

M. L. — Seiches, 11.

— Si le fermier a semé en entrant, il ne sèmera pas en sortant ; si, au contraire, il n'a pas semé à son entrée, il sèmera à sa sortie.

M. L. — Briollay.

— **L'entrant** peut ensemencer, dans l'année de son entrée, le douzième des terres arables.

M. L. — Angers N.-O.

— **Fin des ensemencés de la dernière année.**

— Le sortant doit les avoir terminés le **24 juin**, sauf pour les jardins légumiers qui peuvent être cultivés jusqu'au 15 septembre.

M. L. — Angers S.-E., 25.

— Ils doivent être finis le 15 novembre.

M. L. — Thouarcé.

— **Indemnité due pour excédant d'ensemencés.**

— Si le *fermier sortant* dépasse l'étendue en usage dans la dernière année, l'*entrant* prend sa part *dans cet excédant*, semences prélevées.

M. L. — Durtal, 10 ; St-Georges, 39 ; Longué, 10 ; Louroux, 42 ; Thouarcé, r. g., 16.

— L'entrant prend les deux tiers de l'excédant, sans préjudice d'indemnité, s'il y a lieu.

M. L. — Thouarcé, r. d.

---

(4) Les deux autres tiers sont laissés libres à sa sortie. — Les friches ou closeaux au-dessous de vingt ares, destinés aux plantes fourragères, ne sont pas compris dans les calculs.

— Le sortant, s'il y a excédant, est passible de dommages-intérêts.

M. L. — Beaufort.

— **Nature, ordre** et **étendue des ensemencés dans le cours du bail.** *V.* les articles spéciaux sur chaque variété de grains et de fourrages, en prenant garde à la note sur l'assolement, page 10.

EPIGOTS (déchets de battage).

— Ils ne peuvent être consommés par le fermier sortant.

M. L. — Chemillé, 43 ; Segré, 50.
M. — Châteaugontier, 46.

ÉPINES et **broussailles.**

— **Coupe.** — Elle se fait en même temps que celle des bois taillables.

M. L. — Segré, 34.
M. — Ambrières, Mayenne.

— A cinq ans.

M. L. — Angers N.-E. (même quatre ans), N.-O., 12 ; Chalonnes, 24 ; Chemillé, Ponts-de-Cé, 19.
M. — Châteaugontier, 31.

— **Enlèvement** (**fermier sortant**). — Il peut emporter les épines qui lui appartiennent.

M. L. — Briollay, Chemillé, 47 ; St-Florent, 21 ; Segré, 58 ; Vihiers, 45.
M. — Châteaugontier, 53 ; Horps, Villaines.

— Il ne le peut...

M. — Gorron.

— **Ployantes** (**sortant**). — Il doit en laisser lorsqu'il coupe les haies plantées sur les fossés qui bordent des chemins, cours et issues.

M. L. — Beaufort, Noyant, Seiches.

— Propriété. — Elles sont au fermier, à l'exception de celles qui sont nécessaires pour rendre les haies défendables.

M. L. — Durtal, 28.

V. **Haies et taillis.**

ÉRUSSAGE. — Date. — La feuille d'ormeau *s'érusse* du 1er août au 1er novembre.

— Le bois doit être âgé d'un an et d'une sève de printemps.

M. L. — Durtal, 35.

— **Droit** d'érusser les feuilles d'ormeau et de frêne (*dernière année*).

— Il appartient au sortant.

M. L. — Thouarcé.

— Il se partage entre le sortant et l'entrant.

M. L. — Durtal, 35.

V. **Feuilles.**

ESPALIERS. — Ils sont immeubles par destination.

— Le propriétaire les fournit, en bon état et attachés, et le fermier les entretient dans toutes leurs parties et accessoires.

M. L. — Angers S.-E., 129.

— On les tolère de chaque côté du mur.

M. L. — Doué.

ESSEVOIRS. — Rigoles des champs. *V.* **Rigoles.**

ÉTABLES et écuries.

— **Construction d'un contre-mur.** — Il est obligatoire.

— Son épaisseur n'est pas déterminée.

M. L. — Beaupréau.

— Elle est de 0^m 22^c.

M. L. — Durtal, 60 ; Louroux, 16.

— Elle est de 0^m 33^c et le contre-mur doit s'élever jusqu'à hauteur des mangeoires.

M. L. — Baugé.

— Elle est de 0^m 50^c, ou bien on laisse un espace vide de 0^m 35^c.

M. L. — Gennes.

— Curage. — A partir de la Saint-Jean qui précède sa sortie, le fermier doit curer les étables et les écuries, et les manis qui en proviennent sont déposés sur les fosses à fumier, aux endroits accoutumés.

M. L. — Angers S.-E., 57.

— Dallage. — Le propriétaire fournit les pavés, et le fermier paie la main-d'œuvre.

M. L. — Thouarcé.

— Nivellement du sol. — Il est à la charge du fermier jusqu'à la hauteur du seuil.

M. L. — Baugé, Beaufort, St-Georges, Noyant, Thouarcé, Seiches.

— C'est une réparation que le fermier sortant doit faire dans le mois de sa sortie.

M. L. — Thouarcé.

— Récrépiment des murs. — Il est à la charge du fermier jusqu'à la hauteur à laquelle peut atteindre la corne des bœufs.

M. L. — Baugé, Beaufort, Beaupréau, Noyant, Seiches.

— Jusqu'à 1^m 50.

M. L. — Angers, N.-E.

— Jusqu'à 1ᵐ 30ᶜ.

M. L. — Gennes.

— Jusqu'à 1ᵐ.

M. — Laudivy.

— A tous endroits dégradés.

M. L. — Saumur N.-E., Thouarcé.

ÉTALONS (col. part.).

— **Choix des.** — Il est réservé au propriétaire.

M. L. — Angers N.-O., N.-E., Briollay, Chemillé, Durtal, 22 ; Louroux, Segré, 75 ; Vihiers, 19.
M. — Châteaugontier, 64 ; Laval, 78 ; Mayenne (arrᵗ) (1).

— **Distance** à laquelle il est tenu d'aller conduire la femelle à l'étalon.

— Deux myriamètres au plus.

M. L. — Chemillé, 19 ; Louroux, 66 ; Segré, 75 ; Vihiers, 19.
M. — Châteaugontier, 65 ; Laval, 78.

— **Saillie.** — **Les frais** en sont supportés par moitié.

M. L. et *M.* — Tous les cantons.

— Si le propriétaire exige que la femelle soit conduite au-delà de deux myriamètres, il paie seul la saillie.

M. L. — Louroux, 66.

ÉTAT DES LIEUX. — L'article 1731 du Code civil établit la présomption que les choses et les lieux affermés ont été reçus en bon état. Cependant l'usage est que le propriétaire n'ait droit à aucuns dommages-intérêts pour malversations s'il ne peut prouver

------

(1) Dans la plupart des cantons de cet arrᵗ, le propriétaire indique aussi les femelles qui doivent être saillies.

par un état de lieu qu'elles proviennent du fait ou de la négligence du fermier ou colon.

M. — Châteaugontier, 35.

— Époque à laquelle il doit être dressé (celui d'entrée).

— A l'entrée en ferme.

M. L. — Angers N.-E.

— Frais (de l'). — Ils sont supportés moitié par le propriétaire et moitié par le fermier.

M. L — Angers N.-E., S.-E., 121 (1).

— Moitié par le sortant et moitié par l'entrant.

M. L. — Cholet, Durtal, 199.
M. — Laval, 37.

— L'entrant peut exiger le droit de faire une deuxième visite jusqu'au 24 juin, pour constater l'état des ensemencés. Les frais en sont supportés par le sortant s'il est en faute, sinon par l'entrant.

M. L. — Durtal, 200.

— État des lieux (à la sortie). — Énonciations. — Il doit indiquer l'état des bâtiments, barrières, clôtures et fossés ; il doit mentionner et estimer les coupes faites hors saison, les arbres fruitiers manquant et tous les abus de jouissance.

— Le prix des dommages est payé au propriétaire ou à l'entrant qui se charge de tout réparer.

M. L. — Seiches.

V. **Dommages-intérêts.**

---

(1) S'il n'a pas été dressé dans le délai d'un an à compter de l'entrée en jouissance, les frais sont tous supportés par le propriétaire.

ETAUSSES. — *V.* Émondes.

ÉTIÉGES. — *V.* Jachères.

EXPLOITATION (col. part.). — **Direction** (de l').—Elle est entièrement réservée au propriétaire. C'est lui qui choisit les animaux à acheter, à vendre, à échanger, qui fixe la nature des races, la quantité des élèves, qui indique quels mâles seront châtrés, quelles femelles seront saillies, qui détermine la forme des labours, le genre et l'étendue des cultures, etc.

M. L. et *M.* — Tous les cantons.

— **Frais** (de l'). — Ils sont tous à la charge du colon (1).

M. L. et *M.* — Tous les cantons.

— **Travaux** (de l').

— Ils sont tous exécutés par le colon.

M. L. et *M.*

F

FAINES, feuilles, gazons, glands, mousses.

— Ils ne peuvent jamais être enlevés; ils doivent être laissés sur place comme engrais.

M. L. — Angers N.-E. (2), N.-O., S.-E., Briollay, Chemillé, 93 ; Durtal, 170 ; St-Florent, 49 ; St-Georges, 70 ; Louroux, 83 ; Segré, 98 ; Vihiers, 82 ;

M. — Châteaugontier, 84 ; Laval, 100 ; Mayenne (arr^t).

— Exceptionnellement, si le fermier manque de

---

(1) Il faut cependant excepter de cette règle générale certains frais supportés par moitié, comme ceux de *saillie*, de *péage*, d'*engrais*, etc. *V.* Ces mots.

(2) Le fermier est autorisé à ramasser les glands.

litière, le propriétaire l'autorise à employer des menues récoltes.

M. L. — Angers S.-E.

FAISANCES ou **redevances en nature.** — Elles
doivent toutes être acquittées dans le cours de l'année
pour laquelle elles sont dues, et ne peuvent être
reportées d'une année sur l'autre (1).

M. L. — Briollay, Chalonnes, 35 ; Chemillé, 58 ; Durtal,
110 ; Ponts-de-Cé, 30 ; Segré, 68 ; Vihiers, 52.

M. — Ambrières, Châteaugontier, 58 ; Couptrain, Ernée,
32 ; Horps, Landivy (2), Laval, 72 ; Mayenne, Villaines.

— Elles peuvent être reportées sur une autre
année (sauf les charrois, *V. Ce mot*).

M. L. — Angers N.-E., Champtoceaux, Montrevault.

M. — Bais, 37 ; Pré-en-Pail.

— Les grains sont conduits par le fermier, bons
et nettoyés, chez le propriétaire, un mois au plus tard
après la récolte. Les cidres, fruits et autres faisances
sont fournis à l'entrée, et il ne les doit plus à la sortie.
Id. pour le sarrazin, mais non pour les autres céréales.

M. — Couptrain 77 (3).

— Elles sont dues (la dernière année) par le fermier entrant.

M. L. — Chemillé, 37.

---

(1) Elles sont dues au domicile du propriétaire aux époques
auxquelles il lui est le plus avantageux de les recevoir.

(2) Les poulets sont dus à la *Saint-Jean*, les chapons à *Noël*, le
beurre à l'*Angevine* (pot fourni par le propr.), et l'effouil, à la *Toussaint*.

(3) Le beurre frais est livrable du 15 mai au 15 novembre, chaque
semaine, par égales quantités, le beurre en pot en septembre ou
octobre, les poulets et cannetons en juillet et août, les oies maigres
en septembre, les chapons et dindons courants en novembre et décembre, les oies, dindons et chapons gras depuis Noël jusqu'à huit
jours avant le carnaval.

FARINIERS et Pochetiers. *V.* Domestiques ruraux. — Les mêmes règles leur sont applicables.

M. L. — Cholet, Durtal, 82 ; Louroux, 103.

FERMAGES. — Paiements (des) — **Epoques.**

— A deux fois, moitié à la Saint-Martin et moitié à la Fête-Dieu. Mais, la dernière année, le paiement se fait en entier le 1er novembre.

M. L. — Angers N.-E., N.-O, St-Georges, 22 ; Louroux, 22.

— De six mois en six mois, à dater de l'entrée.

M. L. — Saumur N.-O.

— En entier, au jour de l'expiration de chaque année de jouissance.

M. L. —Briollay, Chemillé, 57 ; Champtoceaux, Cholet (1), Durtal, 108 ; Montfaucon, Montevrault, Ponts-de-Cé, 29 ; Segré, 67 ; Vihiers. 51.
M. —Châteaugontier, 57 ; Laval, 70 ; Mayenne (arrᵗ) (2).

— Le premier terme en entrant.

M. L. — Gennes.

— Avant le 1er juillet qui suit sa sortie. Le sortant doit payer seulement sa dernière année.

M. L. — St-Florent, 29.

— **Lieu du paiement.** — Le paiement se fait au domicile du propriétaire ou au lieu qu'il indique.

M. L. — Tous les cantons.
M. — Bais, 35 ; Châteaugontier, 57 ; Mayenne (arrᵗ) (3).

---

(1) Avant l'enlèvement des meubles. (Cette condition, mise dans les autres procès-verbaux, existe dans tous les cantons.)
(2) Sauf le canton de Landivy où le paiement se fait en deux termes égaux, à Noël et à la Saint-Jean. Mais le *sortant* doit être entièrement libéré à la Saint-Georges.
M. — Landivy, 5.
(3) Pourvu que ce soit dans le canton. (Ernée.)

— **Répartition** du paiement.

— Le sortant paye tout le fermage et prend toute la récolte (r. g.); l'entrant paye et partage la récolte (r. d.).

M. L. — Thouarcé.

FERMIER (Obligations du). — *V.* les prescriptions du Code civil au mot **Bail** et les usages aux *Articles spéciaux*.

— **Mort** (du). — Si les héritiers continuent l'exploitation, ils sont tenus de garnir la ferme et d'y avoir un chef de ménage et des domestiques.

M. — Ambrières, Gorron.

FERMIERS GÉNÉRAUX. — Ils sont substitués à tous les droits du propriétaire vis-à-vis des fermiers ou colons de détail.

M. L. et *M.* — Tous les cantons.

FERMIER SORTANT et fermier entrant. — *V.* les mots : **Arrière-récolte, avoine, bois, bestiaux, chaume, chaux, coupage, cidre, engrais, ensemencés, foin, froment, fruits, fossés, grains, haies, impôts, labours, luzerne, navets, orge, paille, pommes de terre, prés, prestations, récolte** (dernière), **regains, réparations locatives, sarrazin, seigle, semences, trèfle,** et tous autres articles spéciaux.

FEUILLES de frêne et d'orme (dernière année).

— Elles appartiennent au sortant, sauf celles des *tendrons* ou rameaux de l'année qui restent à l'entrant.

M. L. — Beaufort.

— Toutes au restant.

M. L. — Thouarcé.

— *Id...* S'il s'agit d'une terre volante.

M. L. — Saumur N.-O.

— Elles se partagent par moitié.

M. L. — Seiches.

— Un tiers au sortant, qui doit les consommer sur place, et deux tiers à l'entrant qui a la charge de les recueillir toutes.

M. L. — Angers S.-E., 22 ; Saumur N.-E.

V. **Érussage** et **faines.**

FIENTES. — Elles doivent être serrées au moins deux fois par an.

V. **Prés.**

M. — Gorron.

FLEURS. — Le locataire d'un jardin ne peut détruire les fleurs et les plantes vivaces annuelles qu'il a trouvées sur le lieu.

M. L. — Angers S.-E., 126.

FOINS. — **Bottelage.** — Il est à la charge de l'acheteur.

M. L. — Cholet, 9.

— **Consommation.** — Elle se fait sur place. Le fermier ne peut ni vendre, ni enlever ses foins, pendant le cours et à la fin de son bail (1).

M. L. — Angers N.-E., N.-O., S.-E., 44 ; Beaupréau, Chalonnes, 11 ; Champtoceaux, Chemillé, 9 ; Cholet, 18 ; Doué, Durtal, 83 ; St-Florent, 26 ; Gennes, St-Georges, 34 ; Louroux, 35 ; Montfaucon, Montrevault, Noyant, Ponts-de-Cé, 5 ; Segré, 10 ; Seiches, Vihiers.

M. — Châteaugontier, 17 ; Laval, 10 ; Mayenne (arr^t) (2).

---

(1) Cette règle n'est pas obligatoire dans les closeries ou borderies.

(2) Cependant, dans les cantons de Horps et de Lassay (sauf la dernière année), le fermier peut enlever ses foins. *V.* le sous-titre *partage.*

— **Fauchage.** — Le plus ras possible sous peine de dommages-intérêts.

M. L. et *M.* — Tous les cantons.

— A faux courante.

M. L. — Angers N.-E, Cholet, 16.

— **Enlèvement** des foins **(dans les prairies communes).**

— A l'époque fixée par les conseils municipaux; ordinairement du 22 juillet au 1er mars.

M. L. — Seiches.

— **Epoque** de la récolte des foins.

— **Prés naturels.**

— A la maturité, c'est-à-dire en pleine floraison.

M. L. — Angers N.-O.

M. — Laval, 23.

— Du 15 juin au 15 juillet.

M. — Châteaugontier, 21 ; Mayenne (arrt) (1).

— Du 20 juin au 15 juillet.

M. L. — Montrevault.

— Du 24 juin au 15 juillet.

M. L. — Segré, 23 ; Vihiers.

— Du 20 juin au 30 juillet.

M. L. — Champtoceaux.

— Du 15 juin au 1er septembre.

M. L. — Briollay.

— Fin juin.

M. L. — Angers N.-E.

______

(1) Sauf *Villaines* : du 20 juin au 24 juillet.

— Après le 1er juin.

M. L. — Angers S.-E.

— A partir du 11 juin.

M. L. — Chalonnes, 17.

— Avant le 1er août.

M. L. — Durtal, 147 ; St-Georges, 10.

— **Prés artificiels.**

— Du 1er au 24 juin.

M. L. — Briollay, Durtal, 142 ; Segré, 23 ; Vihiers, 22.
M. — Ambrières, 21 ; Bais, 13 ; Châteaugontier, 21 ;
Ernée, 20.

— Du 10 mai au 24 juin.

M. — Villaines.

— Vers le 15 mai.

M. L. — Angers N-E.

— **Partage** des foins entre le **sortant** et l'entrant.

— **Naturels.**

— Dans l'année de sa sortie, le fermier peut consommer, pour faire les travaux de ses dernières
semailles, 200 kilos de foins naturels par hectare
semé en blé d'hiver : ce foin est toujours prélevé
dans une seule prairie choisie par lui.

M. L. — Durtal, 152 (100 k. au lieu de 200).
M. — Châteaugontier, 37 ; Laval, 38 (1).

— Le sortant a droit de faire consommer :

— Le quart des foins naturels.

M. L. — Doué, Segré, 40 (2).

---

(1) A défaut d'un local suffisant pour contenir sa part, le sortant
en fait une meule qui reste à sa disposition, mais sans pouvoir emporter ce qu'il n'aurait pas consommé.

(2) Pris aussi dans une seule prairie.

— Le tiers (1).

M. L. — Angers N.-E., N.-O., S.-E., 16 ; Beaupréau, Briollay (2), Chalonnes, 30 ; Châteauneuf, Chemillé, St-Florent, 28 ; Gennes, Louroux, 36 ; Ponts-de-Cé, 23 ; Thouarcé (3).

— Le dixième.

M. — Gorron, 46.

— Si la sortie a lieu à la Toussaint, le sortant prend un tiers des foins naturels ; si elle a lieu à la Saint-Georges, il peut consommer la totalité.

M. L. — Champtoceaux, Montrevault, Vihiers, 38.

— La totalité est à l'entrant.

M. L. — Longué, 6.

— Le fermier sortant ne peut, dans l'année de sa sortie, faire consommer que la quantité de foin et de paille nécessaire pour nourrir convenablement ses bestiaux ; les foins et pailles restant au moment de la sortie, lui sont payés à dire d'experts.

M. — Landivy, Laval, 67.

— Il peut faire consommer le foin qu'il a coupé, mais il ne peut vendre ni enlever la portion restant le jour de la sortie.

M. L. — St-Georges, 36.

— Quand les fourrages de l'année précédente sont entièrement consommés, l'entrant doit, sur ceux de l'année, en fournir en quantité suffisante pour la nourriture et la litière des bestiaux du sortant.

M. L. — Beaufort.

---

(1) Pris dans les prés bons ou mauvais.

(2) Si le sortant fait des ensemencés la dernière année ; sinon, la totalité est à l'entrant.

(3) Il laisse à l'entrant les deux tiers des foins engrangés (V. trèfles et luzernes).

— La dernière récolte est laissée sur la ferme, mais l'entrant en paie la valeur.

M. — Ernée, 33.

— Le sortant n'est tenu de laisser ni foins ni pailles.

M. L. — Durtal, 153 (l'entrant au 25 avril).
M. — Ambrières (1), 33 ; Horps, 50 (1) ; Mayenne, 45 (1).

— Il n'est tenu d'en laisser à sa sortie que s'il en a trouvé à son entrée, — et la même quantité.

M. — Couptrain, 72 ; Lassay, 20 ; Pré-en-Pail, 24 ; Villaines, 28.

— **Le partage** se fait dans chaque pré.

M. L. — Beaupréau, Chemillé.

— La **division** est faite par l'entrant et le **choix** est laissé au sortant.

M. L. — Chemillé, 35 ; Segré, 41.
M. — Châteaugontier, 37 ; Laval, 38.

— **Foins artificiels** (2) (Dernière année).

— Le sortant peut consommer, verte ou sèche, la moitié de la première coupe de tous les prés artificiels de quelque âge qu'elles soient. L'autre moitié est mise en foin et reste sur le lieu. Il jouit des regains de tous les prés artificiels ou naturels (3).

M. L. — Chemillé, 75 ; Segré, 41 (4).
M. — Châteaugontier (5), Laval, 38.

---

(1) S'il en laisse, n'entrant ne lui doit rien, — car, pour lui, ils remplacent le fumier qu'ils auraient produit. Il est même défendu au sortant d'en mésuser ou de les enlever en vue d'en priver l'entrant.

(2) Beaucoup de cantons, et notamment ceux de l'arrᵗ de Mayenne, n'ont pas d'usages spéciaux pour les foins artificiels ; il faut donc se reporter à ceux des foins naturels.

(3) *V.* Ci-dessus le partage, la division et le choix applicables.

(4) Si plus du sixième des terres arables se trouve en prés artificiels, le sortant jouit du surplus en totalité.

(5) Néanmoins si le sortant laisse *grainer* les coupages, il partage les graines par moitié avec l'entrant.

— La totalité est au sortant.

M. L. — Angers N.-O. (1), Chalonnes, 30 ; St-Georges, 37 (2) ; Louroux, 40 (2).

— Un tiers au sortant, deux tiers à l'entrant.

M. L. — Angers N.E., S.-E., Briollay, St-Florent, 28.

— Première coupe au sortant, deuxième à l'entrant.

M. L. — Beaufort, Longué, 7.

— Il en laisse à sa sortie autant qu'il en a trouvé à son entrée.

M. L. — Montreuil-Bellay.

— Le sortant peut faire pacager et non couper le regain des prés naturels et artificiels.

M. L. — Ponts-de-Cé.

— Le sortant a le droit de faire consommer tous fourrages verts et le tiers des *fourrages secs* (les premières coupes de sainfoin, de luzerne et de trèfle sont comprises sous cette dénomination).

M. L. — Thouarcé, r. d. (3).

— **Travaux** *de la récolte des foins* (**répartition entre le sortant et l'entrant**).

— Chacun fait les travaux que nécessite sa part de fourrages.

M. L. — Angers N.-E., S.-E., Beaufort, Briollay.

— Chacun fauche, fane et engrange sa part... mais le charroi de la totalité est fait par le sortant.

M. L. — Angers N.-O., Louroux, 37 ; Segré, 42 ; Thouarcé.

---

(1) A L'exception des luzernes qui sont considérées comme foins naturels.

(2) Mais il ne peut vendre ceux qui resteraient en nature au 1er novembre.

(3) Sur la rive gauche, même règle, excepté la parenthèse.

— Même règle, sauf un point. Le sortant seul met la totalité en grange ou en barge.

M. L. — St-Georges, 35.
M. — Châteaugontier, 39.

— Tous les travaux sont exécutés par le sortant.

M. L. — Beaupréau, Chalonnes, 31 (1); St-Florent, 27; Vihiers, 40.
M. — Laval, 41 (2).

— Même usage, mais l'entrant aide le sortant. . .
M. L. — Chemillé, 36 ; Ponts-de-Cé, 26.

— Dans les grandes cultures, tous les travaux sont exécutés par l'entrant, à l'exception du charroi, laissé au sortant.

M. L. — Ponts-de-Cé, 24.

— Même règle, sauf pour l'embargement que chacun fait pour sa part.

M. L. — Durtal, 152.

— Tous les travaux, même le charroi à la ferme, sont à la charge de l'entrant.

M. L. — Beaufort, Longué, 6 ; Noyant, Seiches.

— L'engrangement est fait par l'entrant.
M. L. — Montrevault, 20.

— La coupe des prés artificiels est faite par l'entrant.
M. L. — Baugé.

— **Vente du foin.** — **Au cent** (50 kilos) ou **au mille** (500 kilos). Au cent, on donne en sus 2 kilos, et au mille, 20 kilos.

M. L. — Cholet, 9.

---

(1) En compensation, il jouit du pacage jusqu'au 1er novembre.

(2) . .*id* .. Les gerbes de sa dernière récolte, après sa sortie, sont voiturées par l'entrant (usage suivi dans les cantons où le sortant coupe, engrange et transporte la totalité des foins).

8.

— **A la charretée.** — *V.* **Mesures.**

V. **Prés** et les différents fourrages.

FOIRES et marchés (col. part.). — **Conduite des bestiaux.**

— **Les frais** de conduite sont à la charge exclusive du colon.

M. L. et *M.* — Tous les cantons.

— **Droits de péage.** — Ils sont supportés par moitié.

M. L. — Angers N.-O., Briollay, Chemillé, 82 ; Durtal, 23 ; St-Florent, 37 ; Segré, 79 ; Vihiers, 69.

M. — Châteaugontier, 69, Laval, 82 ; Mayenne (arr¹).

— Ils sont à la charge du colon seul.

M. L. — Angers N.-E., Louroux, 72.

FORGE. — Il faut laisser entre la forge et le mur voisin un intervalle vide de 16 centimètres et demi, puis construire un contre-mur de 0ᵐ 33 d'épaisseur..

M. L. — Baugé (1), Durtal, 60 ; Louroux, 96.

— Il suffit d'élever un contre-mur en brique à hauteur du foyer ou d'appliquer une plaque métallique.

M. L. — Beaupréau, Saumur Sud.

— On laisse seulement un espace vide de 0ᵐ 33, si on n'aime mieux élever un contre-mur de 0ᵐ 50 d'épaisseur.

M. L. — Gennes.

---

(1) L'espace vide n'est pas exigé s'il s'agit d'un petit four de maison privée ou d'un fourneau de cuisine.

FOSSÉS. — C. C. art. 666. « Tous fossés entre deux héritages sont présumés mitoyens s'il n'y a titre ou marque du contraire.

— 667. Il y a marque de non-mitoyenneté lorsque la levée ou le rejet de la terre se trouve d'un côté seulement du fossé.

— 668. Le fossé est censé appartenir exclusivement à celui du côté duquel le rejet se trouve.

— 669. Le fossé mitoyen doit être entretenu à frais commun. »

— **Bornage** (par). *V. ce mot.*

— **Curage à vieux fonds et vieux bords.**

— Le fermier doit le faire au moins une fois dans le cours d'un bail de neuf ans (1).
M. L. — Montreuil-Bellay.

— Lors de la coupe du bois émondable du taillis et de la réparation des haies; plus souvent même s'il en est besoin.
M. L. et *M.* — Tous les cantons.

— **Epoque** (2). — Avant le 10 avril. — *M. L.* — Seiches.

— Avant le 15 mars. — *M.* — Mayenne.

— Avant le 30 avril. — *M.* — Couptrain.

— **Frais.** — Il se fait à frais communs par les fermiers riverains, et les terres ou détritus se partagent par moitié.
M. L. — Angers S.-E., 81.

---

(1) S'il n'y a pas de bois, de haies ou de taillis près le fossé, il se répare tous les neuf ans. — *M. L.* — Gennes.

(2) Aux époques fixées pour l'émondage et la coupe des taillis — Tous les cantons.

— **Terres** *en provenant*. — On s'en sert à réparer les brèches faites aux *lits* ou *lisières*, et le surplus est employé en compost (*V. ce mot*). On en augmente la masse des engrais. *V.* **Prairies**.

M. L. et *M.* — Tous les cantons.

— **Inclinaison des fossés.**

— 45 degrés.

M. L. et *M.* — Tous les cantons (1).

— **Largeur** *des fossés* (**sans distinction** de leur usage ou de leur emplacement.)

— 0^m,84. — *M. L.* — Chemillé.

— 1^m d'ouverture. — *M. L.* — Ponts-de-Cé, 4 ; Vihiers.

— 1^m,30. — *M. L.* — Angers S.-E., 78.

— 1^m,33. — *M. L.* — Angers N.-O.

— 1^m,50. — *M. L.* — Châteauneuf.

— 1^m,66. — *M. L.* — St-Georges (2).

— **Assainissement** (fossés d').

— 1^m 50. — *M. L.* — St-Florent, 57.

— **Bois** (fossés des).

— 1^m 33. — *M. L.* — Chalonnes, 8 ; Segré, 7.

— 1^m 50. — *M. L.* — Châteauneuf.

— **Clôture des cours** (fossés de).

— 1^m. — *M. L.* — St-Florent, 57.

— **Écoulement** (fossés d').

— 1^m. — *M. L.* — St-Florent.

---

(1) Nous constatons cependant que, dans le canton de Durtal, l'inclinaison est de 50 degrés.

(2) Y compris la *sabottée. V. ce mot.*

— Jardins et prairies (fossés de).

— 1 ^{m}. — *M. L.* — Chalonnes, 8, Champtoceaux, 41 ; St-Florent, 57 ; Segré, 7.

— 1^m 50. — *M. L.* — Châteauneuf.

— Séparation (fossés de).

— 1^m à l'ouverture, 0^m 28 au fond.

M. L. — Montrevault.

M. — Ambrières, Châteaugontier, 4 ; Gorron, Landivy (1), Lassay, Laval, 6 ; Mayenne, Villaines.

— 1^m 17. — *M. L.* — Briollay.

— 1^m 23. — *M. L.* — Angers N.-O.

— 1^m 66. — *M. L.* — St-Georges, 79 ; Louroux, 93.

— 2 mètres au moins et 4 au plus.

M. L. — Angers S.-E., 79 et 80 (notamment C^{nes} d'Andard, Brain, Trélazé).

— Terres arables et **vignes** (fossés des).

— 1^m. — *M. L.* — St-Florent, 57.

— 1^m 33. — *M. L.* — Angers N.-E., N.-O., Chalonnes, 8 ; Segré, 7.

— 1^m 50. — *M. L.* — Châteauneuf.

— Largeur au fond.

— Un tiers de l'ouverture. — *M. L.* — Baugé.

— 0^m 28. — *M.* — Ambrières, Châteaugontier, 4 ; Goron, Horps.

— 0^m 33. — *M. L.* — Angers N.-O., Briollay, Chemillé.

M. — Villaines.

— 0^m 50. — *M. L.* — Angers S.-E., 78 ; Chalonnes, 8.

---

(1) La largeur se mesure du sommet du premier gazon.

— **Pas de bœuf** ou sabottée ou relit. *V.* Pas de bœuf.

— **Profondeur.** — De 0^m 60 à 0^m 80. — *M. L.* Angers S.-E.

— 0^m 60. — *M.* — Villaines.

— 0^m 70. — *M.* — Gorron.

— 0^m 80. — *M. L.* — Briollay.

— 0^m 84. — *M. L.* — Chemillé.

— 1^m. — *M.* — Ambrières, Châteaugontier, Horps, Laval.

— Pour les autres cantons, elle est déterminée par l'inclinaison et la largeur (1).

— **Réparation.** — *V.* **Curage** (pour l'époque des réparations et les détritus).

— **Année de la sortie.** — Dans l'hiver qui précède sa sortie, le fermier doit curer tous les fossés à *vieux fonds* et *vieux lits*, et réparer les talus.

M. L. — Beaufort.

— Si le sortant a négligé ces travaux, il doit à l'entrant une indemnité réglée par le juge de paix.

M. L. — Thouarcé.

— **Responsabilité.** — Le fermier est passible de dommages-intérêts s'il n'a pas fait, en temps utile, la réparation des fossés.

M. L. et *M.* — Tous les cantons.

— **Rigoles.** — Le fermier en doit l'entretien.

M. L. et *M.* — Tous les cantons.

---

(1) Partout et toujours, les fossés doivent être préparés de manière à faciliter l'écoulement de l'eau, c'est-à-dire qu'il faut en signer la pente et n'y laisser aucune excavation.

— Les rigoles des champs doivent être réparées après les semailles.

M. L. — Louroux, 4.

— D'ailleurs, sauf les dimensions, toutes les règles relatives aux fossés s'appliquent aux rigoles.

V. **Pas-de-bœuf.**

FOSSE A FUMIER (1). — **Construction.** — Il faut élever entre la fosse et le mur voisin un contre-mur d'une épaisseur de :

— 0m 22. — *M. L.* — Louroux, 96.

— 0m 33. — *M. L.* — Saumur Sud (2).

— 0m 50. — *M. L.* — Baugé.

— Entre la fosse et un puits, le contre-mur doit être en pierre dure avec mortier de chaux.

M. L. — Tous les cantons.

— **Nivellement.** — Il est à la charge du fermier.

M. L. — Beaufort, Seiches, Thouarcé.

FOSSES D'AISANCES. — Curement. — Art. 1756 du Code civil. « Le curement des puits et des fosses d'aisances sont à la charge du bailleur s'il n'y a clause contraire. »

— **Distance.** — Il faut laisser entre la fosse et le mur voisin un intervalle de 0m 50.

M. L. — Baugé, Louroux, 36.

----

(1) Ou *forme à fumier*. Le sortant doit la laisser en bon état à l'entrant. — *M. L.* — St-Florent, 27.
(2) Moëllon dur, baigné de chaux hydraulique.

— Un contre-mur de 0^m 33, en moëllons surbaignés de chaux hydraulique.

M. L. — Doué, Durtal, 66 ; Saumur Sud.

— Un contre-mur (sans conditions déterminées).

M. L. — Beaupréau.

— Un intervalle vide de 0^m 33, ou un contre-mur de 0^m 50.

M. L. — Gennes.

— Entre la fosse et un puits, il faut un contre-mur de 1^m 33. Cette épaisseur ne peut être exigée si c'est le puits qui a été construit le dernier et si les parois de la fosse sont imperméables.

M. L. — Durtal, 60 ; Louroux, 96.

FOUGÈRES. — Elles doivent être détruites par le fermier ou colon.

M. L. — Durtal, 131.
M. — Ernée, 18 ; Laval (1).

FOUR. — Construction. — Il faut laisser entre le four et le mur voisin un espace vide nommé *tour de chat*, et de 0^m,15 ou 0^m,20 de largeur.

M. L. — Saumur Sud.

— Laisser un vide de 0^m,16 1/2 ou élever un contre-mur de 0^m,33.

M. L. — Durtal, 60 ; Louroux, 16.

— Un contre-mur de 0^m,50 ou un vide de 0^m,33.

M. L. — Gennes.

— Un contre-mur d'épaisseur indéterminée.

M. L. — Baupréau.

---

(1) On excepte celles qui poussent sur les haies.

— Droit au four du voisin. — Celui qui a ce droit ne peut en jouir que du lever au coucher du soleil, qu'après avoir prévenu vingt-quatre heures d'avance. Il lui est interdit, sauf conventions formelles, de mettre du chanvre ou du lin dans le four soumis à la présente servitude.

— Entretien.

— Appui ou **tablette.** — L'entretien en est à la charge du fermier.

M. L. — Beaufort, Noyant, Seiches, Thouarcé.

— Bouche. — *Idem.*

M. L. — Thouarcé.

— Carrelage. — *Idem.*

M. L. — Angers N.-O., S.-E., 33 ; Beaufort, Briollay, Chaonnes, 6 ; Chemillé, Gennes, St-Georges, Louroux, Noyant, Ponts-de-Cé, Seiches, Segré, 5 ; Thouarcé.

M. — Châteaugontier, 3 ; Laval, 3 ; Mayenne (arr¹).

— Voûte. — L'entretien en est à la charge du propriétaire.

M. L. — Thouarcé.

M. — Bais, 2.

— FOURMILIÈRES et **TAUPINIÈRES.** — Le fermier est tenu de les *raser* et de les étendre sur le sol deux fois par an.

M. L. et *M.* — Tous les cantons.

— *V.* Taupes.

— FOURNEAU. — Construction. — Il faut établir entre le fourneau et le mur voisin : 1º Un intervalle vide de 0ᵐ,16 1/2 ; 2º Un contre-mur de 0ᵐ,33.

M. L. — Durtal, 160 ; Louroux, 96.

— Il suffit d'élever un contre-mur en briques à la hauteur du foyer ou d'apposer une plaque métallique.

M. L. — Baupréau, Saumur Sud.

— Entretien et réparations. — A la charge du locataire ou fermier, qui est tenu de remplacer les grilles cassées et brûlées.

M. L. — Gennes.

— FOURRAGES et Plantes fourragères. — *V.* Bettes, choux, coupages, foins, prés, etc.

— FOYER. — L'entretien en est à la charge du fermier.

M. L. — Beaufort, Seiches.
M. — Châteaugontier, 3.

FROMENT. — Chaume (Hauteur du). — *Dernière année.*

— Ras terre. — *M.* — Laval.

— Ras terre ou 0^m 20. — *M. L.* — Vihiers, 42.

— *Id...* ou 0^m 33. — *M. L.* — Cholet.

— 0^m 15. — *M.L.* — Briollay, Louroux, 67 ; Segré, 45. — *M.* — Châteaugontier, 42.

— 0^m 16. — *M.* — Lassay.

— 0^m 32. — *M. L.* — Champtoceaux, Montrevault, 20. — *M.* — Bais, 25.

— 0^m 40. — *M. L.* — Angers S.-E., 56 ; Chemillé, 39.

— Le **sortant** coupe le chaume de froment à 0^m 15 du sol. Si le propriétaire ou le fermier successeur exige une hauteur plus considérable, le sortant obéit, mais il pourra faire consommer un sixième du chaume.

M. L. — Segré, 45.

— Le sortant les laisse à la hauteur d'une *chopine* (0^m 20).

M. L. — St-Georges, 43.

— L'entrant indique la hauteur ; sinon, 0^m 35.

M. L. — Châteauneuf.

— Moitié de la hauteur totale.

M. — Ernée, 49.

— Un tiers...

M. L. — Durtal, 157.

— **Ensemencés** *de froment* (1). — **(Etendue)**.

— Un tiers des terres arables.

M. L. — Angers N.-E., Baugé, Baufort, Beaupréau, Doué, Gennes, St-Georges, 26 ; Louroux, Montfaucon, Montreuil-Bellay, Noyant, Ponts-de-Cé, 10 ; Segré, Seiches.
M. — Ambrières, Châteaugontier, 11 ; Mayenne.

— Un quart. — *M,* — Ernée, Landivy, Villaines.

— Un sixième. — *M.* — Couptrain, Gorron, Horps, Lassay, Pré-en-Pail.

—**Epoque.** — Avant le 11 novembre.

M. L. — St-Georges, 31.

— Du 1er octobre au 30 novembre. — *M.* —Mayenne.

— Du 2 octobre au 20 novembre. — *M.* — Ernée, 12.

— Du 4 octobre au 20 novembre. —*M.* — Ambrières.

— Du 10 octobre au 15 novembre. — *M. L.* — Chemillé, Ponts-de-Cé, 10.

— Du 15 octobre au 20 novembre. —*M. L.*— Briollay. — *M.* — Châteaugontier, 11.

— Du 15 octobre au 25 novembre. — *M.* —Horps, Laval, 16.

— Du 15 octobre au 30 novembre. — *M.*—Couptrain, Gorron, Villaines.

— Du 1er novembre au 30 novembre. — *M.*—Bais, 8.

V. **Battage, blés, céréales, engrais, grains (gros), labours, récoltes, sarclage, semences, etc.**

---

(1) Ou *seigle* ou *métcil*.

FRUITIERS (arbres). — *V.* **Arbres, émondage et plantation.**

FRUITS. — **Attributions** (des) (dernière année) (1).

— Ils appartiennent tous au sortant.

M. L. — Cholet.

— …Tous à l'entrant.

M. L. — Thouarcé, r. g.

— Ils se partagent par moitié.

M. L. — Thouarcé, r. d.

— **(Col. part.)** — Les fruits de la ferme se partagent par moitié entre le propriétaire et le colon.

M. L. et *M.* — Tous les cantons.

— Les fruits de jardin et les cerises, prunes et autres *petits fruits*, restent au colon.

M. L. — Chemillé, 74 et 85.

— **Récolte** (col. part.). — Les fruits à couteau sont cueillis à la main par le colon.

M. L. — Angers N.-O., Briollay, Durtal, 165 ; Louroux, 70 ; Segré, 77.

M. — Châteaugontier, 67 ; Laval, 80 ; Mayenne (arr¹).

— …**Tombés sur la propriété du voisin.** — Ils restent au propriétaire de l'arbre qui les a produits et ils sont toujours recueillis par lui.

M. L. — Angers N.-E., Beaupréau, Vihiers.

FUMIER. *V.* **Engrais.**

---

(1) Dans l'année de recours, le fermier sorti n'a aucun droit sur les fruits.

M. L. — St-Florent, 29.

— Le locataire d'un jardin n'a aucun droit sur les fruits qui ne sont pas parvenus à maturité au moment où le bail finit.

M. L. — Angers S.-E., 125.

G

GAGES *des domestiques.*

-- Des enfants servant chez leurs père et mère.

— Les enfants n'ont pas le droit de réclamer de gages à moins de conventions contraires.

M. L. — Beaufort.

— Ils n'ont droit aux gages qu'autant que des frères ou sœurs auraient été *dotés*, et seulement à partir de l'âge qu'avait l'enfant doté lors du mariage. Ils sont proportionnés à leur force, déduction faite des frais d'entretien.

M. L. — St-Georges, 103.

— Ils ont droit à des gages égaux à la moitié de ce qu'ils gagneraient ailleurs aux conditions suivantes :

1o Il faut que l'un des enfants soit déjà établi et sorti de la ferme ;

2o Qu'ils aient le même âge que cet enfant au moment où il a quitté la ferme ;

3o Qu'ils aient au moins dix-huit ans, même dans ce dernier cas.

M. L. — Cholet.

— Des **mineurs** de vingt-un ans.

— Le père et la mère des domestiques mineurs peuvent toucher directement leurs gages, mais ils sont tenus de pourvoir à leur entretien et de tenir compte au maître des dépenses qu'il aurait faites déjà pour ce besoin, à titre d'avances.

M. L. — Beaufort, Durtal, 81 ; St-Georges, 101 ; Louroux.

— **Paiement** (des gages). — Il se fait le jour même de la sortie ainsi que le règlement des indemnités, s'il y a lieu.

M. L. — Beaufort, Louroux, 104 et 105.

— En cas de résiliation par le fait du domestique, le paiement des gages ne peut être exigé qu'à l'expiration de l'année ordinaire de service.

M. L. — Durtal, 78 ; St-Florent, 7.

— **(Col. part.).** — Les gages des domestiques sont acquittés exclusivement par le colon (1).

M. L. — St-Florent, 34.

— **Toile** (*gages en*). — En sus de la somme d'argent, il est d'usage, dans certains cantons, d'accorder aux domestiques de ferme, surtout aux femmes, une certaine quantité de toile qui fait partie des gages.

— Si cette toile n'est pas payée en nature, le jour de la sortie, et si le prix n'en a pas été fixé d'avance, elle est remboursée à raison de 2 francs les 120 centimètres.

M. L. — Angers N.-E., Beaufort, St-Georges, 98 (2).

— Elle est évaluée 1 fr. 60 le mètre.

M. L. — Angers S.-E., 144.

— ...1 fr. 67 le mètre.

M. — Landivy.

---

(1) Cette règle est applicable dans tous les cantons. Elle n'a été omise dans les procès-verbaux que parce qu'elle est la conséquence trop naturelle et nécessaire de ce principe : *Les frais d'exploitation sont à la charge du colon.*

(2) Ce paiement en nature doit être effectué au plus tard le 15 juin, sinon, le jour de la sortie, le domestique peut exiger le prix indiqué.

— **Valeur** des mois de service *dans les gages,* suivant les saisons (dom. rur.).

— Du 24 juin au 15 novembre (mois d'été),
ils comptent dans le total des gages pour *trois cinquièmes ;* les huit autres mois, pour les *deux cinquièmes* seulement.

M. L. — Champtoceaux, Montrevault.

— *Six douzièmes,* du 24 juin au 15 novembre, et
un douzième pour chacun des autres mois (1).

M. L. — St-Georges, 85.

— *Deux tiers,* du 24 juin au 1ᵉʳ novembre, et *un
tiers* pour les huit autres mois.

M. L. — Beaupréau.

— *Moitié,* du 24 juin au 1ᵉʳ novembre.

— *Un quart,* du 1ᵉʳ novembre au 1ᵉʳ avril.

— *Un quart,* du 1ᵉʳ avril au 24 juin.

M. L. — Chemillé, 99.

— *Un cinquième,* du 1ᵉʳ novembre au 1ᵉʳ avril.

— *Id...,* du 1ᵉʳ avril au 1ᵉʳ juillet.

— *Trois cinquièmes,* du 1ᵉʳ juillet au 1ᵉʳ novembre.

M. L. — Cholet (2).

— *Un douzième* pour chaque mois du 1ᵉʳ mai au
1ᵉʳ novembre, *augmenté d'un cinquième* du douzième.

— *Un douzième, diminué d'un cinquième du*

---

(1) On ne tient compte de cette évaluation que dans le cas où le
domestique sort ou est renvoyé pour cause légitime.
(2) Cette répartition n'a pas lieu pour les servantes de ferme. Il
n'y a pas de différences à évaluer dans leurs mois de service.

douzième, pour chaque mois du 1er novembre au 1er mai.

M. L. — St-Florent, 6.

V. **Domestiques** (indemnités).

GAPIERS (*Balles, déchets de battage*). — Le sortant peut les faire consommer par ses bestiaux, mais non les emporter (*sauf dans les terres volantes*).

M. L. — Saumur N.-O.

GENÊTS. — Consommation (des). — Elle se fait sur place. Le fermier ne peut ni les vendre, ni les enlever, pendant le cours ou à la fin de son bail.

M. L. — Angers N.-E., Chalonnes, 11; Champtoceaux, Durtal, 63; St-Georges, 34; Louroux, 35; Montevrault (1), Ponts-de-Cé, 5; Segré, 10; Vihiers.
M. — Châteaugontier, 7; Laval, 10; Mayenne (arr¹).

— Le *sortant* peut vendre ou emporter les écots des genêts qu'il a arrachés (au plus tôt à trois ans). Il doit labourer la terre et l'épiner; les épines sont entassées sur le guéret et l'entrant les brûle.

M. L. — Cholet.

— **Coupes** (des). — A cinq ans.
M. L. — Montfaucon (2).

— **Pacage** (des). — Il est interdit de faire pacager les moutons qui sont âgés de moins de cinq ans.

M. L. — Montfaucon.

---

(1) Cette interdiction d'emporter les genêts n'est pas applicable dans les borderies, closeries ou terres volantes.
(2) Les genêts, dans ce canton, sont la propriété du fermier; mais il doit laisser la cime sur le terrain qu'il laboure ensuite.

GLANAGE. — Il est libre : le champ est ouvert gratuitement à tous les glaneurs après l'enlèvement des dernières gerbes, — du lever au coucher du soleil.

M. L. — Noyant, Thouarcé, r. g.

— Le droit de glanage n'est pas gratuit ; il est vendu par le propriétaire ou par le fermier.

M. L. — Thouarcé, r. d.

GLANDS. — Le fermier doit semer des glands dans les haies au moment de leur réparation.

M. L. — Chemillé.

V. **Fáines.**

GOURMANDS. — La **destruction** en est obligatoire, chaque année, pour le fermier ou colon.

M. L. et *M.* — Tous les cantons.

— Elle se fait avant le 1er juin.

M. L. — Durtal, 137.

GOUTTIÈRES. — L'entretien de toutes les gouttières est à la charge du propriétaire, — qu'elles servent ou non à l'écoulement des eaux pluviales.

M. L. — Angers S.-E., 119.

GRAINS (gros) — **Ensemencé** — **Etendue** (des). — *Assolement biennal.*

— Deux tiers des terres arables.

M. L. — Angers N.-E.

— Moitié... *id.*

M. L. — Angers N.-O., Beaufort (dans les fermes de la vallée de l'Authion).

— *Assolement triennal.*

— Un tiers des terres arables.

M. L. — Angers N.-O., Baugé, Beaufort, Doué, Gennes,

St-Georges (1), Louroux, 26 ; Montfaucon, Ponts-de-Cé, 10 ; Segré, 14 ; Vihiers.

M. — Ambrières, Mayenne.

— **Moitié...**

M. L. — Seiches, 5.

— *Assolement quadriennal.* — **Un quart des terres arables.**

M. — Ernée, Landivy, Villaines.

— *Assolement sexennal.* — **Un sixième des terres arables.**

M. — Couptrain, Gorron, Horps, Lassay, Pré-en-Pail.

— **Un tiers des terres arables.**

M. L. — Angers N.-E.

— *Assolement triennal.*

— **(Méhus)** *assolement biennal.*

— **Un huitième.** — *M. L.* — Louroux, 26.

— **Un tiers.** — *M. L.* — Baugé, Beaufort, Doué, Gennes.

— **Un quart.** — *M. L.* — Angers N.-E.

— *Dernière année.*

— **D'hiver (grains).** — **Droit d'ensemencer.**

— Le sortant ensemence la même quantité de terres que les années précédentes en suivant la rotation.

M. — Gorron, Villaines.

— **De printemps.**

— Le *sortant* ensemence en grains de printemps

---

(1) Cette proportion n'est rigoureusement exigée que pour les deux dernières semailles d'une période triennale.

la même étendue de terre que les années précédentes.

M. L. — Briollay, Chemillé, 41 ; Segré, 47.

M. — Ernée, 3 (sauf communes de Saint-Denis et de Vautortes) ; Gorron, 42 (1) ; Laval, 45 ; Villaines, 18.

— *L'entrant* a le droit de semer dans ces grains et à ses frais des graines de prairies artificielles (Les travaux sont faits avec le cheval et la herse du sortant).

M. — Laval, 45.

— *L'entrant* au 23 avril a le droit de faire tous les grains de printemps l'année de son entrée : il fournit et sème dans les orges et avoines, vingt kilos de graine de trèfle par hectare. Le fermier doit en préparer les labours avec les harnais du lieu, moyennant le paiement, par le successeur, de 15 fr. par hectare.

M. — Laval, 62.

— L'entrant en sème dans la portion de terre à ce destinée depuis l'assolement.

M. — Gorron, Villaines.

— Si le *sortant* prouve que, par suite d'anciens usages, il n'a pas ensemencé les grains de printemps à son entrée, son droit, lors de sa sortie, se résout en une indemnité réglée par experts, lors de la montrée, et payée par le propriétaire.

M. — Laval, 63.

— Quand le bail part du 25 avril, les grains de printemps sont semés par l'entrant, qui peut venir faire les labours préparatoires à partir du 10 novembre.

M. L. — Durtal, 133.

---

(1) Sans pouvoir employer les fumiers du lieu.

— Le *sortant* au 1er novembre fait les ensemencés de menus grains dans l'année de sa sortie.

M. L. — Durtal, 133.

— L'entrant sème des grains de printemps sur les deux tiers des terres arables laissées par le sortant, et il a le droit de venir préparer et labourer à partir du 1er mars.

M. — Ambrières, Mayenne.

— Le sortant a le droit d'ensemencer en grains d'hiver et de printemps (sarrazin excepté), les deux sixièmes des terres.

M. — Lassay.

— L'ensemencé des menus grains est interdit au sortant, pendant sa dernière année.

M. L. — Champtoceaux, Louroux, 26 ; Montrevault, 18.

— **Fin de l'ensemencé des grains de printemps.**

— *La dernière année.*

— L'ensemencé doit être terminé avant le 1er novembre.

M. L. — St-Georges, 38 ; Louroux, 29 et 41.

— **Fumure des grains de printemps** (dernière année).

— Elle se fait aux frais du sortant, avec des engrais étrangers à la ferme.

M. L. — Chemillé, 41; Segré, 47.

— **Nettoyage** des grains (col. part.).

— Il est fait au tarare, par le colon, après partage.

M. L. — Angers N.-O, Briollay, Chemillé, 81 ; Durtal, 165; Louroux, 70 ; Segré, 77 ; Vihiers, 61.

M. L. — Châteaugontier, 67 ; Laval, 80 ; Mayenne (arrᵗ).

— **Partage** et attribution des menus grains.

— En principe, la totalité appartient au sortant.

M. L. — Briollay, Chemillé, 44 ; Segré, 47.

— Cependant ils se partagent si l'ensemencé excède le tiers des terres labourables : dans ce cas, la moitié revient à l'entrée sans prélèvement de semences.

M. L. — Chemillé, 41.

— *Idem...* si l'ensemencé dépasse la quotité déterminée, ou s'il est fait dans les terres destinées à l'arrière-récolte.

M. L. — Segré, 47.

— Le sortant ne doit rien à l'entrant si les **menus grains** sont récoltés en vert.

M. L. — St-Georges, 40 ; Louroux, 43.

— Si le sortant les a laissés venir en graine, l'entrant en prend la moitié.

M. L. — Louroux, 43.

— Le quart.

M. L. — St-Georges, 40.

— **Récolte** et **battage** *des grain* (Sortant).

— Le sortant bat ses grains comme il l'entend.

M. — Gorron.

— Il dispose de la grange pour battre et tasser, et il prépare ses aliments au foyer.

M. — Villaines.

— Il bat dans l'aire de l'entrant qui recueille balles et pailles, les loge et les met en meules.

M. — Lassay.

— S'il bat ses grains, l'été, il les enlève immédiatement ; si c'est l'hiver, il les laisse en grange ou dans les bâtiments, à ce destinés, jusqu'au 2 février.

M. — Couptrain.

V. **Battage, céréales, récoltes, etc.**

GREFFER (droit de).

— Il est interdit, en général, au fermier.

M. L. et *M.* — Tous les cantons.

GRENIERS. — L'entretien et la **réparation** des **couettes** ainsi que des **terrasses couchées** sont à la charge du fermier.

M. L. — Beaufort, Baugé, Chemillé, St-Georges, Noyant, Seiches, Thouarcé.

GUÉRETS. — Récoltes faites dans les guérets de dernière année.

— Les récoltes faites dans les guérets destinés aux céréales d'automne se partagent par moitié, à l'exception des pommes de terre et betteraves. Pour ces dernières plantes fourragères, l'entrant et le sortant peuvent semer à leur profit chacun 1/20e de ces guérets.

M. L. — Durtal, 115.

GUI (Destruction du). — Obligatoire, à la charge du fermier ou colon.

M. L. et *M.* — Tous les cantons.

— Avant le 1er mars.

M. L. — Chemillé, 26 ; Durtal, 31 ; Ponts-de-Cé, 18 ; Segré, 31 ; Vihiers, 28.
M. — Ernée, Horps, Gorron, Mayenne.

— Avant le 1er janvier.

M. L. — Louroux, 14.

— Pendant l'hiver.

M. L. — Angers N.-E., St-Florent, 19.

H

HAIES.

— **Coupe.** — **Epoque** (de la). — Les épines et broussailles qui forment les haies se coupent tous les *cinq* ans, en saison convenable.

M. L. — Angers N.-O., 12 ; Briollay (1), Chalonnes, 24 ; Cholet, 16, 50 ; St-Georges, 13, 14 ; Montfaucon, Ponts-de-Cé, 19 ; Saumur N.-O (2), Segré, 34.

— Tous les *trois* ans.

M. L. — Champtoceaux (1), Montrevault (2).

— Tous les *sept* ans.

M. L. — Gennes.

— En même temps que les arbres qui y sont complantés. *V.* **Emondage.**

M. L. — Baugé, Durtal, 18 ; Louroux, 15 ; Saumur N.O.
M. — Châteaugontier, 38 ; Laval, 33 ; Mayenne (arr^t).

— *Les haies des taillis* se coupent en même temps que les taillis.

M. L. et *M.* — Tous les cantons.

— **Conditions** (de la). — Les haies doivent être coupées de manière à ce qu'elles ne dépassent pas une hauteur de 1^m,50, surtout lorsqu'elles sont à la distance de 0^m,50 du voisin.

M. L. — Beaufort.

— **Produit** (de la). — Il appartient au fermier.

M. — Bais.

---

(1) Avant le 1er avril,
(2) S'il y a des arbres émondables dans la haie, elle se coupe en même temps qu'eux.

— Les deux tiers du produit sont laissés au fermier, à la charge de laisser un bon jet d'épines de dix en dix mètres.

M. L. — Montfaucon.

— **Création** et **destruction** (des). — Le propriétaire a toujours le droit de planter des haies nouvelles ou d'arracher les anciennes, et le fermier ne peut s'en plaindre qu'au cas où les travaux nécessités par ces changements causeraient un dommage réel à ses labours, ensemencés et récoltes.

M. L. et *M.* — Tous les cantons.

— **Entretien** et **réparations.** — A la charge du fermier.

M. L. et *M.* — Tous les cantons.

— Les réparations des haies (et fossés) sont faites au moment de la coupe (1), en temps convenable.

M. L. et *M.* — Tous les cantons.

V. **Fossés.**

— **Hauteur** (haies vives ou lices). — 1^m 33.

M. — Landivy, 70.

— **Largeur.** — Les haies plantées, quelle que soit leur épaisseur, sont censées avoir 1^m de largeur.

M. L. — Durtal, 48.

— **Mitoyenneté.** — Article 670 du Code civil. « Toute haie qui sépare des héritages est réputée mitoyenne, à moins qu'il n'y ait qu'un seul des héritages en état de clôture, ou s'il n'y a titre ou possession suffisante ou contraire. »

---

(1) Avant le 3 avril.
M. — Couptrain.
— Avant le 15 mars.
M. — Mayenne.

— Les *haies plates* séparatives de deux héritages sont censées mitoyennes.

M. L. — Angers S.-E., 83.

— Le partage d'une haie plate mitoyenne peut toujours être demandé par l'un des co-propriétaires, mais à la charge de la remplacer à ses frais par une haie à talus ou par un mur construit sur son terrain. Cette nouvelle clôture ne pourrait être ultérieurement supprimée ou remplacée que du consentement du voisin.

M. L. — Durtal, 48.

— **Plantation.** — Art. 671 du Code civil... « Il n'est permis de planter... des *haies vives* qu'à la distance d'un demi-mètre. »

— Distance d'un *demi-mètre* de la ligne séparative, pour les *haies vives*.

M. L. — Gennes (1), Vihiers.

— Les *haies sèches* peuvent être plantées sur la ligne séparative.

M. L. — Gennes (2).

— Les *haies debout*, à 0ᵐ,50, et les *haies couchées*, à 1 mètre (Le fermier doit, à la plantation, garantir les haies avec des épines ou du bois mort)..

M. L. — Louroux, 17 ; Montrevault, Thouarcé.

— Les haies debout, à 0ᵐ,50, et les haies couchées, à 1ᵐ,33.

---

(1) S'il y a même un seul arbre de haute tige sur la haie, il faut observer la distance requise pour les plantations d'arbres. *V. Plantations.*

(2) Si une haie sèche a été plantée par le fermier ou locataire, le propriétaire peut la retenir en payant une seule indemnité réglée par expert.

— Plissage. — Le fermier doit plisser les haies.

M. L. — Cholet.

— Les haies doivent être pliées du côté du voisin et liées du côté du propriétaire de la haie. La plisse doit partir de la souche.

M. L. — Chemillé.

— Propriété de la bande de terre qui est laissée entre la ligne séparative et la plantation de la haie.

— Elle demeure au propriétaire de la haie.

M. L. et *M.* — Tous les cantons.

— Rabattage. — Les haies plates mutuelles se rabattent seulement à hauteur de clôture, c'est-à-dire à 0ᵐ,80 ou 1ᵐ.

M. L. — Baugé.

— Avant le 1ᵉʳ avril.

M. L. — Briollay, Champtoceaux, Montrevault.

HARICOTS. — **Mode de vente** (des). — Au double décalitre, sans fourni et rasé.

M. L. — Cholet.

HERBE. — Le fermier ne peut faire pacager l'herbe dans les prés sans le consentement du propriétaire. *V.* **Pacage** et **prés.**

M. L — Durtal, 148.

HERBES (**mauvaises et nuisibles**). — *Epoque de la* **destruction,** *qui est partout obligatoire pour le fermier.*

— Dans les froments, du 15 mars au 20 mai.

— Dans les seigles, du 15 mars au 15 mai.

M. L. — Angers S. E. 55.

V. **Sarclage.**

— **Responsabilité** *du sortant*. — S'il en laisse, il est tenu à des dommages-intérêts envers son successeur.

M. L. — Beaufort, Chemillé, 51.

V. **Dommages-intérêts.**

HÉRITIERS. — *V.* **Fermier** (*Mort du*).

HERSAGE. — **Epoque** (du). — Deux hersages sont nécessaires : le premier, un mois après le labour, et le second, avant de semer.

M. L. — Angers N. E.

HERSE (*Grande*). — **Entretien** et **réparations.**

— Elle est entretenue par le fermier, mais le propriétaire fournit le bois nécessaire.

M. L. — Beaupréau, Chemillé, 31 ; Cholet, Montfaucon.

— **Propriété.** — Elle fait toujours partie de la ferme et elle y reste.

M. L. — Beaupréau, Cholet.

— Le *sortant* doit laisser sur le lieu la meilleure herse.

M. L. — Chemillé, 31.

— Si la herse n'est pas en bon état, le sortant doit la façon d'une neuve.

M. L. — Montfaucon.

— **Service** (de la). — Le sortant doit la prêter, avec un cheval, à l'entrant qui sème à ses frais des graines de prairies artificielles.

M. — Laval, 45.

V. **Travaux agricoles.**

HOMME VALIDE. — En agriculture, un homme est réputé valide de quinze à soixante-cinq ans.
M. L. — Segré, 4.

— De dix-huit à soixante-cinq ans.
M. L. — Vihiers.

I

IMPOTS.

— La commune, ainsi que le département et l'Etat, qui sont des communes agrandies et *totalisées*, ont besoin d'argent, dans l'intérêt de tous, pour l'entretien des services publics. Cet argent dû par chacun, dans la mesure fixée de ses possessions et de ses consommations, est réparti sur des objets divers et perçu suivant des modes différents. Il s'appelle en général l'impôt. Puis, on distingue l'impôt direct et l'impôt indirect. Nous n'avons ici à ne nous occuper que du premier, qui se divise ainsi :

Impositions foncières, impositions sur les portes et fenêtres, etc., cotes mobilières et personnelles, les prestations en nature ou en argent.

— Qui du propriétaire ou du fermier doit payer tel ou tel impôt? Dans quelles proportions sera-t-il dû par le sortant et par l'entrant? Les usages varient sur les réponses.

— Nous ne parlerons dans cet article que de l'*impôt foncier* et de l'*impôt des portes et fenêtres*. *V.* l'article **Prestations**.

— **Impôts** (1). — **Aucune distinction**. — Ils sont tous à la charge du fermier.
M. L. — Champtoceaux, Durtal, 121 ; Montrevault, 4.

---

(1) On estime toujours l'impôt de janvier à janvier, et il doit toujours être payé par le sortant avant l'enlèvement de sa dernière récolte.

— ... Fonciers, ordinaires ou extraordinaires. —
Ils sont à la charge du propriétaire (1).

M. L. — Angers N.-E., S.-E., 4, 35, 116 ; Briollay, Durtal, 188 ; St-Florent, 22 ; St-Georges, 18 ; Louroux, 23 ; Vihiers.
M. — Bais.

— Ils sont dus par le fermier, dans le cas où il ne s'agit pas de terres volantes, prés, bois taillis ou autres.

M. L. — Chalonnes, 10 ; Cholet, St-Florent, 45 ; Segré, 9.

— Ils sont dus aussi par le fermier, mais sans exclusion pour les terres volantes, prés ou bois.

M. L. — Chemillé, Montfaucon.
M. — Châteaugontier, 6 ; Laval, 7 ; Mayenne (arr¹ ,excepté Bais.)

— Fonciers (col. part.). — Ils sont acquittés, moitié par le propriétaire, moitié par le colon.

M. L. — Briollay, St-Florent, 40 ; Louroux, 62.
M. — Laval, 83 ; Mayenne (arr¹).

— Ils sont acquittés en entier par le colon.

M. L. — Chemillé, 83.
M. — Châteaugontier, 70.

— Fonciers — (Dernière année). — Le sortant en doit un tiers.

M. L. — Angers N.-O., Louroux, 24.

— Le *sortant* en paié les deux tiers et l'*entrant* l'autre tiers.

M. L. — Beaupréau, Chalonnes, 32 ; Chemillé, 54 ; Segré, 43 ; Thouarcé, r. g. (2).
M. — Ambrières, Bais, 21 ; Couptrain, Ernée, 34; Gorron, Landivy, 7 ; Mayenne.

---

(1) Si le fermier les paye, il les retient sur son prix de ferme.
(2) Le sortant ne paie les impôts que pour les deux derniers mois de l'année et pour les deux premiers de l'année suivante, soit deux douzième, l'entrant paie le surplus.
M. L. — Thouarcé, r. d.

— Quand, par exception, ils sont mis à la charge du fermier, le sortant paie les deux tiers, — avant le 1er juillet qui précède sa sortie.

M. L. — St-Florent, 29.

— Le *sortant*, au 1er novembre, paie la totalité des impôts de l'année de sa sortie.

M. L. — Durtal, 122 ; Montfaucon.
M. — Laval, 43 (1).

— Le *sortant*, au 1er novembre, en doit dix douzièmes.

M. L. — Champtoceaux, 30.

— Le *sortant*, au 25 avril, en paie seulement un tiers.

M. L. — Durtal, 123.

— Le *sortant*, au 23 avril,... huit douzièmes.

M. L. — Beaupréau.

— Le *sortant*, au 23. avril (borderies ou closeries), en doit un tiers.

M. L. — Champtoceaux, 32.

— Le *sortant* doit les payer jusqu'au 1er janvier qui suit sa sortie.

M. L. — Cholet, Louroux, 53.

— *Impôts des* **portes et fenêtres.** — Ils sont à la charge du *locataire*.

M. L. — Angers N.-E., N.-O., S.-E., St-Florent, 54.

---

(1) Plus un tiers des impôts fonciers de toute l'année suivante (du 1er janvier au 1er décembre).

Cette contribution doit être acquittée toute avant l'enlèvement de la dernière récolte (applicable aussi aux colons).

— A la charge du *fermier*.

M. L. — Angers S.-E., Briollay (1), St-Georges, Louroux.
M. — Laval, Mayenne (arr^t).

— A la charge du propriétaire.

M. L. — St-Florent.

— **Dernière année.** — Ils sont dus en entier par le sortant, pour l'année de sortie, et par l'entrant, pour la suivante, quoi qu'ils soient portés sur les rôles au nom du sortant.

M. — Laval, 44 ; Mayenne (arr^t).

— Le sortant les doit jusqu'au 1er janvier qui suit sa sortie.

M. L. — Cholet.

— Jusqu'au 1er septembre.

M. L. — Chemillé, 55.

INSTRUMENTS ARATOIRES. — Quantité. — Le fermier doit en avoir suffisamment pour répondre du prix de ferme et assurer une bonne exploitation.

M. L. et *M.* — Tous les cantons.

— **Fourniture** (col. part.). — Elle est faite tout entière par le colon.

M. L. et *M.* — Tous les cantons.

— Cependant si le propriétaire exige des **instruments perfectionnés** pour le battage ou tous autres travaux, il doit les fournir au colon qui les entretient, les répare et les rend à sa sortie.

M. — Châteaugontier, 64.

---

(1) Et du colon.

— Si le propriétaire en exige l'usage, il paye la moitié des frais de location.

M. L. — Louroux, 69.

IRRIGATIONS (Loi sur les).

Art. 1. — « Tout propriétaire qui voudra se servir, pour l'irrigation de ses propriétés, des eaux naturelles ou artificielles dont il a le droit de disposer, pourra obtenir la faculté d'appuyer sur la propriété du riverain opposé les ouvrages d'art nécessaires à sa prise d'eau, à la charge d'une juste et préalable indemnité. — Sont exceptés de cette servitude les bâtiments, cours et jardins attenants aux habitations.

— 2. Le riverain sur le fonds duquel l'appui sera réclamé pourra toujours demander l'usage commun du barrage, en contribuant pour moitié aux frais d'établissement et d'entretien ; aucune indemnité ne sera respectivement due dans ce cas, et celle qui aurait été payée devra être rendue. — Lorsque cet usage commun ne sera réclamé qu'après le commencement ou la confection des travaux, celui qui le demandera devra supporter seul l'excédant de dépense auquel donneront lieu les changements à faire au barrage pour le rendre propre à l'irrigation des deux rives.

— 3. Les contestations auxquelles pourra donner lieu l'application des deux articles ci-dessus seront portées devant les tribunaux..... »

IVRAIE. — Elle doit être détruite par le fermier avant la maturité des graines.

M. L. et *M.* — Tous les cantons.

J

JACHÈRES (1). — **Etendue** (des). — *Assolement triennal.*

—Un tiers des terres arables.
M. L. — Baugé, Beaufort, Doué (2), Gennes, St-Georges, Montfaucon.

— Un quart. — *M. L.* — Angers N.-E. — *M.* Ernée, 11.

— Deux sixièmes. — *M. L.* — Seiches.

— **Pacage** (des). — Le sortant peut y faire pacager jusqu'au premier labour, — et même jusqu'au deuxième si les terres sont très-sèches.
M. L. — Baugé.

JARDINS. — **Destination** (des). — Ils sont consacrés, pour la plus grande partie, aux légumes et, pour le surplus, à d'autres plantes utiles aux besoins de la ferme. (Le fermier ne peut en changer la destination, ni enlever la terre sans le consentement du propriétaire) (3).
M. L. — Angers S.-E., 47 ; Briollay, Chalonnes, 13 ; Chemillé, St-Georges, 9 ; Ponts-de-Cé, 7 ; Segré, 12 ; Vihiers.
M. — Châteaugontier, 9 ; Gorron, Horps, Lassay, Pré-en-Pail, Villaines.

— Il est planté en légumes, et la partie restée disponible, en racines fourragères et chanvre.
M. — Ambrières, Bais, 6 ; Laval, 11.

---

(1) *V.* La note de la page 10.
(2) On peut remplacer les jachères par des cultures fécondantes, comme celle des luzernes et autres prairies artificielles.
(3) Le fermier peut enlever les terres du jardin, même l'année de sa sortie, à condition de les remplacer par des terres neuves et bonnes, en égale quantité.
M. L. — Montfaucon.

— Il doit y avoir au moins un tiers en choux ou plantes sarclées.

M. — Mayenne.

— **Plantations** que peut faire l'**entrant** *dans l'année qui précède son entrée.*

— Cent poireaux par hectare semé en blé d'hiver.

M. L. — Segré, 56.

— A partir de la Toussaint, l'entrant a droit au tiers du jardin, pour choux et plantes sarclées. Il se sert du fumier du lieu.

M. — Ambrières, Mayenne.

V. **Choux.**

— **Réserves du sortant.** — Le sortant peut ensemencer en légumes un tiers du jardin, pour en user pendant les *métives.*

M. L. — Cholet.

— Il peut cultiver les deux tiers du jardin, mais il doit laisser l'autre tiers béché et prêt à ensemencer.

M. L. — Montfaucon.

JARDINIERS (*garçons*). — Ils sont considérés comme domestiques ruraux. *V.* **Domestiques.**

JAROSSE. — *V.* **Coupage** et **vesceau.**

JOURNÉE (*Ouvriers à la*). *V.* **Ouvriers.**

L

LABOURS (1). — **Époques** (des). — **Sur les vieilles pâtures.**

— Ils ont lieu avant le 30 avril.

M. L. — Angers N.-O., 6 ; Briollay, Chalonnes, 12 ; Chemillé, Durtal, 124 ; St-Georges, 29 ; Louroux, 28 ; Segré, 11 ; Vihiers.

M. — Châteaugontier, 8 ; Laval, 14.

— **Sur les chaumes de l'année précédente.**

— Avant le 31 mai.

M. L. — Angers N.-O., Chalonnes, 12 ; Chemillé, Segré, 11 ; Vihiers.

M. — Châteaugontier, 8 ; Laval, 14.

— Avant le 1er juillet.

M. L. — Durtal, 124.

— **Sur les grains de printemps,** *racines fourragères et plantes sarclées.*

— Aussitôt après la Toussaint.

M. — Laval.

— Avant le 12 janvier.

M. L. — Durtal.

— **Sur les prairies artificielles** (trèfles compris).

— En septembre.

M. L. — St-Georges, 23 ; Louroux, 28.

---

(1) Le mot *labours* comprend toutes les façons que doivent recevoir les terres, et l'obligation de labourer comprend celle de *lever, herser, traverser, rafraîchir.* Toutes, en effet, ont pour double but, d'*ameublir* la terre et de la mettre le plus possible en contact avec les gaz atmosphériques qui la *refont.*

— Du 24 juin au 15 juillet.

M. L. — Briollay.

— **Sur les trèfles d'un an**.

— Du 1ᵉʳ au 15 octobre.

M. L. — Angers N.-O., 6 ; Chalonnes, 12 ; Durtal, 124 (1) ; Segré, 11 ; Vihiers.
M. — Châteaugontier, 8.

— Du 15 septembre au 15 octobre.

M. — Laval, 14.

— Du 15 octobre au 15 novembre.

M. L. — Chemillé.

— **Sur les trèfles de plus d'un an**.

— Avant le 15 juillet.

M. L. — Angers N.-O., Chalonnes, Segré, Vihiers.
M. — Châteaugontier, 8 (2) ; Laval, 14 (2).

— Du 24 juin au 15 juillet.

M. L. — Briollay.

— Avant le 1ᵉʳ juin. — *M. L.* — Durtal, 124.

— **Sur les jachères**.

— Vers le 25 juin. — *M. L.* — Angers N.-E.

— Du 24 juin au 24 juillet. — *M. L.* — Briollay.

— **Pour les sarrazins**.

— Avant le 1ᵉʳ avril. — *M.* — Gorron.

— Du 1ᵉʳ mars au 1ᵉʳ mai. — *M.* — Lassay, Pré-en-Pail.

— Du 25 mai au 10 juin. — *M.* — (2ᵉ canton) Couptrain (3).

______

(1) L'année de la sortie, avant le 15 juillet.
(2) Aussi pour les ray-grass même d'une année, s'ils doivent être suivis de blé.
(3) Le premier labour se fait à la fin de février.

— **Pour l'orge.**

— Avant le 1er janvier. — *M.* — Gorron.

— Du 1er au 15 décembre. — *M.* — Pré-en-Pail.

— Du 1er décembre au 1er avril. — *M.* — Lassay.

— **Pour l'avoine.**

— Avant le 1er décembre. — *M.* — Gorron.

— Du 1er au 15 décembre. — *M.* — Pré-en-Pail.

— Du 1er mars au 15 avril, après l'ensemencé. — *M.* — Couptrain (1).

— **Pour le froment et le seigle.**

— Après la récolte du sarrazin, du 15 au 30 octobre.

M. — Pré-en-Pail.

— Du 15 septembre au 15 novembre.

M. — Lassay.

— **Pour les pommes de terre.**

— Fin mars.

M. — Couptrain.

— **Pour le chanvre ou le lin.**

— Fin avril.

M. — Couptrain.

— **Pour les grains d'hiver.**

— Du 1er août au 15 octobre.

M. — Bais, 7.

— **Sans distinction de la culture précédente.** — Ils doivent être faits avant le 30 juin, sauf ceux qui sont faits sur trèfles de l'année.

____

(1) Le premier labour se fait dans les Avents de Noël.

10.

— En avril.

M. — Mayenne.

M. L. — Montreuil-Bellay.

— **Forme de labours.** — En sillons.

M. — Ambrières, Gorron, Horps, Villaines.

— En sillons ou en planches.

M. — Mayenne.

— En sillons à quatre raises doubles ; les deux dernières doivent avoir $0^m,12$ de profondeur.

M. L. — Durtal, 126.

— En sillons de 1^m de largeur et $0^m,24$ de profondeur.

M. — Pré-en-Pail.

— En sillons de 1^m à $1^m,50$ au plus de largeur, quelle que soit la nature du sol.

M. L. — Seiches.

— **Labours de l'entrant.** — Il peut les commencer dès le 24 juin qui précède son entrée.

M. L. — Angers N.-E. (1), 15 ; Baugé, Beaufort, Seiches.

— Après le 21 avril.

M. — Bais, 22.

— Après le 23 avril.

M. — Villaines.

— Si le **sortant** n'ensemence pas, l'entrant doit aux époques accoutumées.

M. L. — Briollay.

— L'entrant peut labourer dès l'enlèvement des récoltes du sortant.

M. L. — Gennes, Longué, 6.

---

(1) Il ne peut labourer les jardins qu'à partir du 1er septembre.

— S'il s'agit des jachères... — dès le 1er mai qui précède son entrée.

M. L. — Noyant.

— Il n'en peut faire avant son entrée.

M. — Lassay.

LAIT (col. part.). — Il est attribué en totalité au colon, mais il ne lui est pas permis d'en vendre.

M. L. — Chemillé, 85 ; Louroux, 59.

LAVOIRS communs. — Les réparations sont faites contributivement par les personnes qui en jouissent et dans la proportion de leurs droits.

M. L. — Beaupréau.

LÉGUMES (col. part.). — Les légumes du jardin nécessaires au ménage sont attribués en totalité au colon.

M. L. — Baugé, Briollay, Chemillé, 74 ; St-Florent, 38.
M. — Châteaugontier, 61 ; Laval, 74 ; Mayenne (arr¹).

— Le surplus de ce qui est nécessaire aux besoins du colon se partage par moitié comme les autres produits.

M. L. — Angers N.-O., Louroux, 60 ; Segré, 70 ; Vihiers.
M. — Laval, 74.

— **Droits du locataire** *à sa sortie.* — Il n'a aucun droit sur les légumes non parvenus à maturité au moment où finit le bail.

M. L. — Angers S.-E., 125.

LIERRE. — **Destruction.** — Obligatoire, à la charge du fermier.

M. L. et *M.* — Tous les cantons.

— Avant le 1er mars.

M. L. — Durtal, 78 ; Segré, 31 ; Vihiers.

— Pour les arbres fruitiers, — pendant l'hiver.
M. L. — Angers N.-E., St-Florent, 19.

— Avant le premier janvier.
M. L. — Louroux, 14.

LIN. — **Ensemencé** (du). — Interdit au fermier.
M.L. — Montfaucon.

— Il peut ensemencer en lin, en chanvre ou récoltes sarclées, le tiers des guérets destinés aux gros blés.
M. L. — Durtal, 7.

— Un quart des terres arables (du 23 avril au 1er mai).
M. — Ernée, 11 et 12.

— Le sortant ne peut en mettre dans le tiers destiné au blé.

V. **Chanvre** et **Plantes oléagineuses.**

— **Teillage** et **broyage** (col. part.). — Aux frais du colon.
M. L. — Angers N.-O., Briollay, Chemillé, 81 ; Durtal, 165 ; Segré, 77 ; Vihiers, 61.
M. — Châteaugontier, 67 ; Laval, 80 ; Mayenne (arr^t).

— **Graine** (de). — Elle est attribuée en totalité au *colon*, qui seul fournit la semence.
M. — Laval, 74.

— Elle se vend au double décalitre sans fourni et rasé.
M. L. — Cholet.

LITIÈRES (Emploi des). — Il doit se faire sur les lieux.

— Le fermier ne peut ni les vendre ni les enlever.

M. L. et *M.* — Tous les cantons (1).

V. **Engrais.**

LOGES, logereaux, appentis. — On nomme ainsi des abris non maçonnés (faits de bois et de paille) qui servent de refuge aux instruments aratoires, charrettes, etc.

— Propriété.

— Les loges restent au propriétaire sans distinction de leur forme; cependant, si le fermier justifie avoir fourni tout ou partie à ses frais, le propriétaire a le choix ou de les laisser enlever, ou de les retenir, en tenant compte de la valeur des objets fournis, à dire d'experts, au moment de la sortie.

M. L. — Angers N.-E., S.-E., 60 ; Beaufort, 11 ; Briollay; Chalonnes, 33 ; Chemillé, 45 ; Durtal, 104 ; St-Florent, 21 , Longué, 12 ; Segré, 55.

— Le propriétaire, s'il a fourni le bois nécessaire à leur édification, conserve, sans indemnité envers le fermier, toutes les loges couvertes en bois, genêts, pailles ou chaumes.

M. L. — Angers N.-E., Briollay.
M. — Châteaugontier, 50 ; Mayenne (arr¹).

— Réparations et entretien. — La réfection totale ou partielle est due par le fermier; si la loge est couverte, le propriétaire fournit le bois.

M. L. — Durtal, 104.

— Le fermier est chargé de l'entretien et même de la réparation et réfection partielle des logereaux,

---

(1) Cependant le fermier d'une closerie peut les enlever à sa sortie.

M. L. — St-Florent, 12.

si la paille qui les couvre est placée avec la fourche ;
si le bois et la paille des logereaux ont été achetés
par le fermier, il peut les enlever à sa sortie, mais
les logereaux doivent être maintenus, si le bois et la
paille ont été pris sur le lieu.

M. — Mayenne (arr¹).

— L'entretien de la toiture en paille triée et placée à
la main, est pareillement à la charge des fermiers.
Mais la construction ou la réfection entière de cette
toiture regarde le propriétaire seul. Dans tous les
cas, c'est le fermier qui fournit la paille.

M. — Châteaugontier, Laval, 3 ; Mayenne (arr¹).

LOYERS. — Paiements (des). — **Époques.**

1º Maisons dont la jouissance commence le 24 juin :
en deux termes égaux, la moitié à Noël, la moitié à
la Saint-Jean.

2º Maisons louées à la Toussaint; la moitié, le
1ᵉʳ mai ; la moitié, le 1ᵉʳ novembre.

M. L. — Angers N.-E., N.-O., S.-E., 144, 145.

— Pour toutes les maisons situées hors la ville,
un seul terme de paiement : le 1ᵉʳ novembre.

M. L. — Angers N.-O.

— Deux termes égaux, de six mois en six mois.

M. L. — Saumur N.-O.

— Un seul terme, à l'expiration de l'année.

M. L. — Cholet, 11 ; Gennes.

LUZERNES. — C'est un des éléments les plus
employés des foins artificiels (1).

---

(1) Cependant, les luzernes sont considérées comme foins naturels
dans les cantons d'Angers N.-O. et de Thouarcé (Maine–et–Loire),
V. Foins artificiels, p. 133 et 135.

— (Il faut donc se reporter à l'article **foins**, pour la *consommation, le fauchage, l'enlèvement, l'époque de la coupe, le partage entre le sortant et l'entrant, les travaux de récolte...*)

— **Défrichements** (des). — L'entrant peut exiger que le sortant défriche les luzernes et remette les lieux en état. Dans ce cas, ce travail doit être terminé le jour de la sortie.

M. L. — Beaufort.

— Le sortant doit les défaire lorsqu'elles doivent faire partie de l'étiége d'après la succession des soles. Si elles ne sont pas encore défaites au 1er mai, l'entrant peut les labourer sans attendre davantage.

M. L. — Baugé.

— **Ensemencés.** — **L'entrant** a le droit, après le commencement de mars, d'en jeter dans les grands blés semés par le sortant ; mais il doit à celui-ci une indemnité.

M. L. — Thouarcé.

— Il est autorisé à en semer, après le 20 mars, dans le quart des terres cultivées en froment, mais il ne peut y exécuter des hersages qu'avec l'agrément du sortant.

M. L. — Segré, 148.

— **Fumure.** — Les luzernes composent une culture *fécondante*. Dans les terrains secs et maigres, elles préparent de beaux blés, qui succèdent au défrichement. On sème sur les luzernes, en avril, du plâtre cru et pulvérisé ; — un huitième ou un dixième d'hectolitre pour 4 ares 40 cent.

M. L. — Doué, Gennes.

M

MACADAM (*nécessaire aux chemins d'exploitation*). — Il est fourni et cassé aux frais du propriétaire, mais étendu et placé par le fermier.

M. — Châteaugontier, 3 ; Laval, 3.

— Le fermier est tenu d'aller chercher la pierre (s'il n'y en a pas d'éparse dans les pièces de terre de la ferme (1) au lieu indiqué par le propriétaire), jusqu'à 5 kilomètres.

M. — Laval.

— Jusqu'à 2 kilomètres.

M. — Châteaugontier.

MAISONS (Blanchiment des).

— **Fermes** (hérit. rur.).

— L'entretien du blanchiment est à la charge du fermier.

M. L. — Champtoceaux, Louroux, 3 ; Montrevault, Ponts-de-Cé, 3 ; Segré, 5 ; Vihiers.
M. — Châteaugontier, Laval, Mayenne (arr¹).

— Le fermier doit à sa sortie reblanchir la maison si, à son entrée, elle avait été blanchie à la chaux.

M. L. — Chalonnes, 6 ; Chemillé, Cholet, Doué, St-Florent, 18; St-Georges, Montreuil-Bella
M. — Tous les cantons.

---

(1) S'il y en avait, il devrait la serrer, la charroyer et l'étendre, en commençant par les cours et étages, afin d'en remplir les cavités.

— Locations (hérit. urb.). — Le locataire doit le blanchiment à sa sortie (1).

M. L. et *M.* — Tous les cantons.

V. **Baìl, congé** et autres articles relatifs aux maisons.

MANGEOIRES. *V.* **Etables et râteliers.**

MANIS. — Nom donné aux fumiers des étables. *V.* **Engrais.**

— Le fermier de plusieurs exploitations peut disposer proportionnellement des manis, à la charge d'user de ce droit avec modération.

M. L. — Ponts-de-Cé, 6.

MARCS de pommes et de poires.

— Le fermier a le droit de les emporter s'il ne peut faire le cidre sur le lieu ; sinon il les laisse.

M. L. — Durtal, 196.

— Ils sont laissés à l'entrant, sauf le cas où ils auraient été faits de très-bonne heure.

M. L. — Baugé.

V. **Cidres** (*marcs*).

— **De raisins.** — Ils sont considérés comme engrais, et le sortant doit les laisser à l'entrant, après avoir bu dessus.

M. L. — Angers S. E., 21 ; Baugé.

V. **Vignes.**

---

(1) Ce blanchiment est au lait de chaux pour les maisons non tapissées ou peintes ; mais il est bien entendu qu'au cas de peinture ou de tapisserie, le locataire en doit l'entretien et les réparations.

M. L. et *M.* — Tous les cantons.

MARE commune. — Il est interdit d'y laisser aller des oies ou des canards, et d'y mettre du poisson, à moins que tous ceux qui en jouissent n'y consentent.

M. L. — Durtal, 149.

V. **Abreuvoir.**

MARÉCHAL ferrant (col. part.). — Son salaire est payé, moitié par le propriétaire, moitié par le colon.

M. L. — Briollay, Chemillé, 83 ; St-Florent, 34 ; Louroux, 73.

M. — Châteaugontier, 70 ; Bais, 52.

— Tout entier par le colon.

M. L. — Angers N. E., Segré, 80; Vihiers, 64.

M. — Châteaugontier, 70 ; Laval, 84.; Mayenne (arr¹).

— **Taillandier.** — Le colon fournit le fer et l'acier. Les menues réparations sont payées par moitié.

M. L. — Angers N.-E., Chemillé, 83 ; St-Florent, 34; Segré, 80 ; Vihiers, 64.

M. — Châteaugontier, 70.

— Par le colon seul.

M. L. — Louroux, 73.

M. — Laval, 84 ; Mayenne (arr¹).

MARMENTEAUX. — Nom donné aux arbres destinés à l'embellissement d'une propriété et, en général, aux sujets *non taillables* que le propriétaire laisse grandir.

— Cependant, le fermier est exceptionnellement autorisé à enlever les basses branches lorsqu'elles nuisent à la culture. Il les coupe alors à 0ᵐ 25 ou 0ᵐ 30 du pied, en biseau par dessous. Les émondes lui appartiennent.

M. L. — Angers S.-E., 95 et 96.

MATÉRIAUX (réparations locatives). — Ils sont fournis par le propriétaire en totalité.

M. L. — Cholet.

— Par le fermier.

M. L. — St-Georges, 3.

— (*Constructions, réfections et réparations*). — Le fermier fait, sans salaire, avec le harnais du lieu, l'approche à pied d'œuvre de tous les matériaux nécessaires qu'il va chercher dans les dépôts les plus rapprochés.

M. — Ambrières (1), Couptrain, Gorron, Mayenne (2).

— Il n'**y** est pas obligé.

M. — Horps, 8.

V. **Charroi** et les *articles spéciaux*.

MATIÈRES CORROSIVES (Magasin de).

— Il faut laisser entre le magasin et le mur voisin, un contre-mur de 0^m,33 d'épaisseur.

M. L. — Durtal, 60 ; Louroux, 96 ; Saumur Sud (3).

— Un contre-mur de 0^m,50 où un espace vide de 0^m,33.

M. L. — Gennes.

— Un contre-mur (épaisseur non fixée).

M. L. — Baupréau.

---

(1) Il n'est pas tenu d'aller prendre la pierre et le sable à plus d'un kilomètre, et le bois à plus d'un myriamètre.

(2) Tout locataire auquel son propriétaire donne congé, a droit à une indemnité, à raison des charrois qu'il a faits pour les grosses réparations et reconstructions dans les douze mois qui précèdent sa sortie.

(3) Le mur en moëllons surbaignés de chaux hydraulique.

MENU. — Sous cette domination, l'on comprend les bettes, chanvres, choux, citrouilles, colzas, fèves, pommes de terres, etc.

— On réserve au *menu* un tiers des terres arables. *M. L.* — Beaufort.

MESURES. — *V.*, à l'**Appendice**, le tableau des mesures agraires locales comparées avec les mesures légales, et toutes autres mesures ou modes d'évaluation.

MÉDICAMENTS. — *V.* **Vétérinaire.**

MÉTAIRIE ou grande ferme. — On nomme ainsi toute exploitation de plus de six hectares.
M. L. — Cholet, 13.

— De plus de sept hectares.
M. L. — Angers N. E.

— De plus de huit hectares.
M. L. — Angers S.-E.

— De plus de dix hectares.
M. L. — Chalonnes, St-Georges.

— Toute exploitation servie par des bœufs.
M. L. — Angers N.-O., Champtoceaux (1).

V. **Bail, congé,** etc.

MÉTEIL. — *V.* **Froment, céréales, gros grains,** mêmes usages.

MÉTIVIERS. — **Gage** (des). — Il consiste ordinairement en une part de la récolte.

— Un septième de la moisson.
M. L. — Gennes, Louroux, Noyant, Seiches (pour les menus grains).

---

(1) Deux bœufs au moins.

— Un huitième.

M. L. — St-Georges, 104 ; Seiches (pour les gros grains).

— **Louage** (des). — Il se fait du 24 juin au 12 décembre (Saint-Martin).

M. L. — Angers N.-O. ; St-Georges, Louroux.

— Du 24 juin au 15 novembre.

M. L. — Segré, 4 ; Vihiers.

— **Nombre** (des). — Un par vingt hectares.

M. L. — Segré, 4 ; Vihiers.

— **Obligations** (des). — Ils coupent les blés, les mettent en gerbe, les battent, les vannent et les montent au grenier.

M. L. — Louroux, Seiches.

— Ils doivent en outre quelques journées de travail supplémentaire.

M. L. — St-Georges, Seiches.

— **Résiliation du contrat de louage.** — Mêmes usages que pour les domestiques ruraux.

V. **Alloué** et **domestiques.**

MINETTE. — *V.* **Luzerne,** mêmes usages.

M. L. — Segré, Thouarcé.

MINEUR (**Ouvrier** ou **employé**). — Il doit se soumettre à tous les règlements établis par les exploitants. S'il veut quitter l'établissement, il doit prévenir son maître un mois avant son départ.

M. L. — Chalonnes, 44.

MITOYENNETÉ. — *V.* **Arbres, fossés, haies, murs.**

MOULINS à vent et à eau. — **Bail.** — Il part du 24 juin.

M. L. — Noyant (moulin à eau), Longué (ou du 1er novembre).

— Échantillonnage ou **état des lieux** (des). — A l'entrée, il est fait une première estimation des *tournants, virants* et *travaillants* (meules, rouages et tous autres agrès) ; à la sortie, il est fait une deuxième expertise et la différence entre les deux *échantillonnages*, en améliorations ou détériorations, est attribuée au sortant.

M. L. — Baugé, St-Georges, 73 ; Gennes, Louroux, 87 ; Noyant, Ponts-de-Cé, 3.

— Mouture (droits (1) de). — Un dixième du poids ou de la mesure.

M. L. — St-Georges, 74 ; Louroux, 188.

— Un douzième.

M. L. — Beaupréau, Noyant.

— Réparations et **entretien.** — Le fermier doit le bon entretien de toutes les pièces *des moulins à vent* comprises sous le nom d'agrès *mouvants* et *travaillants*, et il doit même réparer, à ses frais, les dommages causés au corps du moulin par sa négligence à le tourner.

M. L. — Gennes.

— Il doit aussi l'entretien et la réparation de tous les agrès et accessoires des *moulins à eau*, non-seulement des ustensiles et objets mobiliers servant à l'exploitation, mais aussi des vannes ou portes, du canal moteur, des digues (curage et fauchage), etc.

M. L. — Gennes.

— Le propriétaire d'un moulin doit curer sa part du ruisseau sur lequel il est établi. Il doit en outre

---

(1) Le meunier va prendre le grain, et reporte la farine à la ferme.

200 m. de curage en amont des pelles ou barrages faits sur la rivière pour élever les eaux dans l'intérêt du moulin.

M. L. — Baugé.

V. au mot **Congé,** *moulin et usine.*

MURS. — Art. 653, Code civil. — « Dans les villes et campagnes, tout mur servant de séparation entre bâtiments jusqu'à l'héberge, ou entre cours et jardins et même entre enclos dans les champs, est présumé mitoyen, s'il n'y a ni titre ni marque du contraire.

Marques de non-mitoyenneté.

— 654. Il y a marque de non-mitoyenneté lorsque la sommité du mur est droite et à-plomb de son parement d'un côté et présente de l'autre un plan incliné; lors encore qu'il n'y a que d'un côté ou un chaperon ou des filets et corbeaux de pierre qui y auraient été mis en bâtissant le mur; dans ce cas, le mur est censé appartenir au propriétaire du côté duquel sont l'égoût ou les corbeaux et filets de pierre.

Réparation du mur mitoyen.

— 655. La réparation et la reconstruction du mur mitoyen sont à la charge de tous ceux qui y ont droit et proportionnellement au droit de chacun.

— 656. Cependant tout co-propriétaire d'un mur mitoyen peut se dispenser de contribuer aux réparations et reconstructions en abandonnant le droit de mitoyenneté, pourvu que le mur mitoyen ne soutienne pas un bâtiment qui lui appartienne.

Travaux appuyés sur le mur mitoyen.

— 657. Tout co-propriétaire peut faire bâtir contre un mur mitoyen et y faire placer des poutres dans toute l'épaisseur du mur, à cinquante-quatre millimètres près (2 pouces), sans préjudice du droit qu'a le voisin de faire réduire à l'ébauchoir la poutre jusqu'à la moitié du mur dans le cas où il voudrait lui-même asseoir des poutres dans le même lieu ou y adosser une cheminée.

Exhaussement du mur mitoyen.

— 658. Tout co-propriétaire peut faire exhausser le mur mitoyen ; mais il doit payer seul la dépense d'exhaussement, les réparations d'entretien au-dessus de la hauteur de la clôture commune et en outre l'indemnité de la charge en raison de l'exhaussement et suivant la hauteur.

— 659. Si le mur mitoyen n'est pas en état de supporter l'exhaussement, celui qui veut l'exhausser doit le faire reconstruire en entier à ses frais, et l'excédant d'épaisseur doit se prendre de son côté.

— 660. Le voisin qui n'a pas contribué à l'exhaussement peut en acquérir la mitoyenneté en payant la moitié de la dépense qu'il a coûté, et la valeur de la moitié du sol fourni par l'excédant d'épaisseur, s'il y en a.

Faculté de rendre un mur mitoyen.

— 661. Tout propriétaire joignant un mur, a de même la faculté de le rendre mitoyen en tout ou en partie, en remboursant au maître du mur la moitié de sa valeur, ou la moitié de la valeur de la portion qu'il veut rendre mitoyenne, et moitié de la valeur du sol sur lequel le mur est bâti.

Travaux faits au mur mitoyen.

— 662. L'un des voisins ne peut pratiquer dans le corps d'un mur mitoyen aucun enfoncement, ni y appliquer ou appuyer aucun ouvrage sans le consentement de l'autre, ou sans avoir, à son refus, fait régler par experts les moyens nécessaires pour que le nouvel ouvrage ne soit pas nuisible aux droits de l'autre.

Murs de clôture.

— 663. Chacun peut contraindre son voisin, dans les villes et faubourgs, à contribuer aux constructions et réparations de la clôture, faisant séparation de leurs maisons, cours et jardins assis dans lesdites villes et faubourgs. La hauteur de la clôture sera fixée suivant les règlements particuliers ou *les usages* constants et reconnus; et, à leur défaut, tout mur de séparation entre voisins... doit avoir au moins... 26 décimètres (8 pieds de hauteur.)»

— **Chaperons**. — L'entretien des chaperons des murs de cours et de jardins est à la charge du fermier.

M. L. — Montreuil-Bellay.

— **Enduits.** — Le fermier ou locataire les entretient et les répare jusqu'à hauteur d'un mètre.

M. L. — Beaufort, Noyant, Seiches.
M. — Châteaugontier, Laval, Mayenne (arr^t).

— **Hauteur** (des **murs de clôture.**) — (*A la campagne.*)

--- 2^m 33 (y compris le chaperon).

M. L. — Montreuil-Bellay.

— 2^m 66. — *M. L.* — Saumur Sud.

— (*A la ville.*)

— 2^m 67. — *M. L.* — Montreuil-Bellay.

— 2^m 66. — *M. L.* — Saumur Sud.

— **Des murs mitoyens.**

— 2^m 66. — *M. L.* — Saumur Sud.

— 2^m à 2^m 66. — *M. L.* — Champtoceaux, Montrevault.

— **Epaisseur** : 0^m 50. — *M. L.* — Montreuil.

— 0^m 25, si les murs sont en parpaings.

— 0^m 50, s'ils sont en moëllons.

M. L. — Saumur Sud.

— **Indemnité de surcharge** due par celui qui veut exhausser un mur mitoyen.

— Elle est égale au sixième de la valeur des travaux d'exhaussement.

M. L. — Chalonnes, 45.

N

NAVETS. — C'est une racine fourragère, qui, comme toutes les autres, doit être consommée sur place.

M. L. et *M.* — Tous les cantons (1).

— La portion de terre réservée pour les navets (ou betteraves, choux, pommes de terre), doit avoir reçu ses façons avant le 1er novembre de chaque année.

M. L. — Chalonnes, 14.

— Le sortant peut semer des navets avant la Saint-Jean qui précède sa sortie ; mais il doit les enlever pour les labours de l'entrant, à peine d'indemnité.

M. L. — Thouarcé.

---

(1) Cependant le fermier sortant peut en emporter pour les besoins de son ménage. — *M. L.* — Baugé.

— Mêmes usages que pour les ensemencés de trèfle.

M. L. — Angers S.-E., 24.

V. **Racines fourragères.**

NETTOYAGE des arbres. — *V.* **Gui, gourmands, bois mort, etc.**

NOIR ANIMAL. — Engrais *étranger à la ferme.*

V. **Engrais et sarrazin** (fumure).

NOYERS. — Ils ne se plantent qu'à 3 mètres au moins du terrain voisin.

M. L. — Doué, Montreuil-Bellay.

O

OBLIGATIONS du fermier, du locataire et du colon. — *V.* **Dommages-intérêts** et tous les articles spéciaux.

OEUFS (col. part.). — Ils sont tous retenus par le colon.

M. — Laval, 74.

— Ils sont partagés par moitié (1).

M. — Châteaugontier, 61.

OIES. — Elles sont comprises dans le partage des fruits (col. part.).

M. L. et *M.* — Tous les cantons.

V. **Faisances,** page 128, note 3.

---

(1) C'est la règle la plus généralement acceptée : Les œufs sont compris dans les *fruits* et *produits* partageables que ne détaillent pas beaucoup de procès-verbaux.

ORGE. — *V.* Avoine, mêmes usages.

ORME ou ormeau (feuilles d'). — Le *sortant* s'attribue cette récolte qu'il fait dans les premiers jours de septembre. Il n'a pas droit pourtant aux feuilles des branches d'un an.

M. L. — Longué, 11.

— Le *sortant* a les feuilles des ormes plantés sur les terres ensemencées, et l'*entrant* celles des jachères.

M. L. — Noyant.

— Le *sortant* a celles du vieux bois, et l'*entrant* celles du jeune (au-dessus d'un an).

M. L. — Baugé.

— Les feuilles d'ormeau ne sont enlevées que du bois de deux sèves. Le sortant d'une terre volante emporte le brou.

M. L. — Saumur N.-O.

V. Erussage, feuilles, frênes.

ORNIÈRES. — Les ornières creusées par les attelages et charrettes sont, avant le 1er janvier, soigneusement remplies et semées.

M. — Châteaugontier, 23 ; Laval, 24.

OSIERS ou luisettes ou quettiers. — **Coupe.** — A trois ans.

M. L. — Chalonnes, St-Georges, Saumur N.-O.

— Pour cercles, à trois ans, et pour vannerie, tous les ans.

M. L. — Gennes, 2.

— **Plantation.** — Distance du voisin : 0m 50.

M. L. — Saumur N.-O. et Sud.

V. Emondage.

OUCHES et **VERGERS**. — Ils sont soumis aux mêmes usages de culture que les autres champs de la ferme.

M. L. — Chemillé.

OUVRIERS aux pièces (1). — Ils ne peuvent quitter le maître, ou être renvoyés avant l'achèvement du travail déterminé, à peine de dommages-intérêts.

M. L. — Angers S.-E., 152.

— **A la journée.** — Il faut de part et d'autre, pour se quitter, s'avertir huit jours à l'avance.

M. L. — Angers S.-E., 153, Baugé.

— Loués **pour un temps fixé.** — Mêmes usages que pour les domestiques ruraux.

M. L. — Angers N.-E., Thouarcé.

V. **Alloué, domestiques, métiviers.**

P

PACAGE. — *V.* **Prés, taillis, etc.**

PAILLES. — **Bottelage.** — Il est à la charge du vendeur.

M. L. — Cholet.

— **Consommation.** — Elle doit se faire sur place. Le fermier ne peut ni les vendre ni les enlever pendant le cours ou à la fin de son bail.

M. L. et *M.* — Tous les cantons (2).

— (*Dernière année.*)

---

(1) Dans les grandes exploitations comme les ardoisières et les mines, ils sont soumis à des règlements particuliers dont nous n'avons point à parler.

(2) Cependant, s'il s'agit d'une borderie ou closerie, ou de terres volantes, le fermier peut les emporter.

M. L. — St-Florent, 32 ; Saumur N.-O., Vihiers, 38.

— **Embargement** ou **engrangement.** — Le *sortant* doit, sous sa responsabilité, mettre en grange ou en meule, dans les lieux ordinaires, les pailles de toute nature et leurs déchets. L'*entrant*, ou son représentant, a le droit d'assister à la confection des pailles, et de les faire lui-même, s'il le juge convenable ; s'il les fait en entier, le sortant n'en est plus responsable.

M. L. — Baugé, Beaufort, Beaupréau, Chemillé, 40 (1) ; St-Florent, 27 ; Segré, 46 ; Thouarcé.

M. — Châteaugontier, 43 ; Laval, 52.

— Les travaux d'embargement sont à la charge de l'*entrant*.

M. L — St-Georges, 42 ; Louroux, 46 ; Montreuil, Montrevault, 20 ; Ponts-de-Cé, 26.

M. — Mayenne (arr¹) (2).

— (*Arrière-récolte.*) — L'embargement est fait par le fermier entré.

M. L. — Briollay, Champtoceaux, 29 ; Cholet (3), Durtal, 159 ; Montrevault.

M. — Bais, 26 (4).

— **Partage** entre l'entrant et le sortant, ou **attributions** dans la dernière année.

— Deux tiers à l'entrant et l'autre tiers au sortant, qui laisse sur le lieu ce qu'il n'a pas consommé.

M. L. — Angers N.-E , S.-E., 16 ; Champtoceaux (sortant au 1er novembre), Gennes, Thouarcé, r. d.

— La totalité des pailles est réservée à l'entrant ; le sortant n'en peut faire consommer aucune, pas

---

(1) L'entrant fournit un homme au sortant qui nourrit cet aide.
(2) Le sortant amoncelle les pailles autour de l'aire.
M. — Landivy.
(3) Avec l'aide du fermier sorti.
(4) Si l'entrée a eu lieu le 21 avril.

même celles de sarrazin, de trèfles à graines et fanes de pommes de terre.

M. L. — Angers N.-O. (1), St-Georges, 44; Louroux, 48; Ponts-de-Cé, Thouarcé, r. g.

— *Id...* totalité à l'entrant, sauf celles de sarrazin, de trèfles et fanes de pommes de terre, que le sortant peut faire consommer.

M. L. — Briollay, Chemillé, 43; Durtal, 111; Segré, 50.
M. — Laval, 52.

— *Id...* Toutes les pailles sont réservées à l'entrant et laissées sur la cour.

M. L. — Longué, 6; Montreuil-Bellay.

— *Id...* Les vieilles pailles (celles de l'année précédente) sont laissées à l'entrant sans indemnité; mais il doit payer au sortant la valeur des pailles de la dernière récolte, qui sont aussi laissées sur les lieux.

M. — Ernée, 33.

— Le fermier sortant au 23 avril peut faire consommer la quantité nécessaire pour nourrir convenablement ses bestiaux; le reste lui est payé à dire d'experts.

M. — Laval, 67.

— Le sortant doit laisser à l'entrant 1200 kilos de paille ou litière.

M. — Gorron, 46.

— Le sortant au 25 avril n'est tenu de laisser aucune paille (2).

---

(1) Si cependant la part du foin qui revient au sortant était insuffisante pour nourrir ses bestiaux, il pourrait faire consommer un tiers des pailles.

(2) A moins qu'il n'en ait trouvé sur la ferme, en entrant; dans ce cas, il laisse la même quantité qu'il a reçue.

M. L. — Durtal, 116.

M. — Ambrières, 33 ; Horps, 50 ; Mayenne, 45 ; Pré-en-Pail, 24 ; Villaines, 28.

— Le sortant peut consommer la totalité des menues pailles.

M. L. — Montrevault.

— **Vente** (modes de). — A la charrette, qui vaut 650 kilos ou 1,300 livres ; ou au mille, qui vaut 500 kilos ; on donne en sus 20 kilos.

V. **Chaumes et avoine, froment, orge, pommes de terre, sarrazin, trèfles.**

PAISSEAUX. — *V.* Echalas.

PARELLES ou patiences. — Destruction obligatoire, avant la maturité des graines, à la charge du fermier.

M. L. et *M.* — Tous les cantons.

PARTAGE entre le fermier sortant et le fermier entrant ; entre le propriétaire et le colon....

V. Les articles spéciaux.

PAS-DE-BOEUF, bordière, relit, sabottée, semelle, seule, etc. — C'est une bande de terre qui existe, ou est censée exister, le long de tout le fossé, pour soutenir les terres de l'héritage voisin. En cas de suppression de la clôture, cette bande revient de droit au propriétaire du fossé ; mais tant qu'elle existe, l'usage général en permet le parcours et le pâturage (1) au propriétaire ou fermier du champ limitrophe.

---

(1) Cependant, dans le canton de St-Georges, art. 18, l'herbe et les épines du *pas-de-bœuf* sont au propriétaire du fossé ou à son fermier.

— **Largeur.** — Elle est de 0^m 50.

M. L. — Saumur N.-O.

— Elle est de 0^m 33.

M. L. — Angers N.-E. (1), N.-O. (1), S.-E. (1), Baugé (2), Beaufort (1), Gennes, Longué (1), Montreuil, Saumur N.-E. et Sud.

— De 0^m 25. — *M. L.* — Doué.

— De 0^m 16 à 0^m 17.

M. L. — Angers N.-E., N.-O., S.-E., Chalonnes, 8 ; Durtal, 45 ; Segré, 7.

— De 0^m 17. — *M. L.* — Briollay, St-Georges, Louroux, Ponts-de-Cé.

M. — Châteaugontier, 4 ; Laval, 6.

— De 0^m 16. — *M. L.* — Champtoceaux, Chemillé, St-Florent, 57 ; Longué, 18 ; Montrevault.

M. — Horps.

— De 0^m 16 et demi. — *M. L.* — Baugé, Beaufort,

— De 0^m 12. — *M.* — Ambrières, Villaines.

PASSAGE (droit de). — Art. 682 du Code civil. « Le propriétaire dont les fonds sont enclavés (3) et qui n'a aucune issue sur la voie publique, peut réclamer un passage (4), sur les fonds de ses voisins, pour l'exploitation de son héritage, à la charge d'une indemnité proportionnée au dommage qu'il peut occasionner.

— 683. Le passage doit régulièrement être pris du côté où le trajet est le plus court, du fonds enclavé à la voie publique.

---

(1) Pour les terres légères. *V.* les largeurs, 0^m 16 et 0^m 17, pour les terrains plus fermes.

(2) Si le fossé a plus de 0^m 84 de largeur, sinon 0^m 16 1/2.

(3) Même momentanément, comme par le fait d'une crue ou d'un éboulement (Pardessus, 226, et Solon, 343).

(4) Définitif ou provisoire, suivant les cas. (Ibid.)

— 684. Néanmoins il doit être fixé dans l'endroit le moins dommageable à celui sur le fonds duquel il est accordé. »

— 696. « La servitude de puiser de l'eau à la fontaine (ou au puits) d'autrui, emporte nécessairement le droit de passage (1). »

— **Largeur**. — **A pied.**

— 0ᵐ 50. — *M. L.* — Doué, Gennes.

— 0ᵐ 70. — *M. L.* — Angers S.-E., 105.

— 0ᵐ 82. — *M. L.* — Beaufort, St-Georges, 77; Louroux, 91.

— 1ᵐ. — *M. L.* — Durtal, 58; Montfaucon.
M. — Couptrain, 94; Landivy.

— *Pour aller à un puits ou à une fontaine.*

— 1ᵐ. — *M. L.* — Louroux, 91.

— 1ᵐ 33. — *M. L.* — Angers S.-E., 105; Beaufort, St-Georges, 77.

— *Avec civières ou brouettes.*

— 1ᵐ. — *M. L.* — St-Florent, 59; Louroux, 91.
M. — Couptrain, 94; Landivy.

— 1ᵐ 50. — *M. L.* — Angers S.-E., 105.

— 1ᵐ 66. — *M. L.* — Beaufort, St-Georges, 77.

---

(1) « Celui qui a un droit de passage ne peut empêcher l'établissement de barrières sur le fonds débiteur de la servitude, mais il n'est pas tenu de les entretenir. Si les barrières sont fermées à clé, il doit lui en être fourni une par le propriétaire du fonds asservi.

Le créancier de la servitude doit tenir les barrières et parcs fermés et remettre les bouchons aux brèches : mais il n'est pas tenu de refaire la partie de haie par laquelle il exerce son droit de passage et qui aurait été relevée par le propriétaire du fonds soumis à la servitude. » — *M.* — Couptrain, 95 et 96.

— *Pour bestiaux.*

—1^m 33. — M. L. — Doué, Gennes.

— 1^m 50. — M. L. — Angers S.-E., 105.

— 1^m 66. — M. L. — Beaufort, St-Georges, 77 ; Louroux, 91 (1).

— 2^m. — M. L. — Durtal, 58.

— *Avec cheval chargé.*

— 1^m 33. — M. L. — Doué, Gennes.

— 1^m 50. — M. L. — Angers S.-E., 45.

— 1^m 80. — M. L. — Briollay.

— 2^m 66. — M. L. — Beaufort, St-Georges, 77 ; Louroux 91.

— 2^m. — M. L. — St-Florent, 59 ; Montfaucon.

— *Pour voitures attelées.*

— 2^m 66. — M. L. — Beaufort, Doué, Gennes, St-Georges.

M. — Couptrain, 94 ; Landivy.

— 3^m. — M. L. — Angers S.-E., 105 ; Louroux, 91.

— 3^m 33. — M. L. — Durtal, 58 ; St-Florent, 59.

— 4^m. — M. L. — Montfaucon.

— *Id... Dans les coudes ou détours.*

— 5^m 32. — M. L. — Beaufort.

— 5^m 33. — M. L. — Angers S.-E., St-Georges, 77 ; Louroux, 91.

— **Passages d'exploitation temporaires.** — Les terrains sur lesquels ils s'exercent sont cultivés ; ils desservent des morceaux de plaine qui sont enclavés.

---

(1) Si le passage n'est pas clos, les animaux doivent être conduits à la corde.

Les propriétaires ou fermiers de ces terres volantes qui, dans certains cantons de l'arrondissement de Saumur, ne sont point closes et n'aboutissent pas à chemin, s'accordent réciproquement passage, dans les mêmes proportions de fréquence et d'étendue.

M. L. -- Doué, Montreuil, Saumur N.-O.

— **Périodes de temps** dans lesquelles ces passages sont usités.

— Du 10 mai au 22 juillet, à pied.

— Du 22 juillet au 1er novembre, avec charrette attelée.

— Du 1er novembre au 10 mai, avec bœufs, chevaux, charrettes et tous instruments agricoles.

M. L. — Saumur N.-O.

PAVILLONS et **constructions** élevés dans un jardin par le locataire, à ses frais, peuvent être enlevés à la fin de son bail.

M. L. — Angers S.-E. 128.

PÉAGE (droit de). — *V. Foires.*

PÊCHE (droit de). — Il est toujours réservé au propriétaire (1).

M. L. et *M.* — Tous les cantons.

PÉPINIÈRE (2) de ferme. — **Entretien.** — Le

---

(1) Même le droit de pêcher les écrevisses.
M. L. — Chemillé, Segré, 3.
M. — Châteaugontier, 2 ; Laval, 2.

(2) Il ne s'agit pas, dans cet article, des exploitations des pépiniéristes, qui font le commerce des jeunes arbres. La pépinière de ferme a pour but exclusif de fournir de jeunes remplaçants aux vieux fruitiers qui périssent ou dépérissent.

fermier est tenu d'entretenir la pépinière qu'il trouve sur la ferme en entrant (1).

M. L. et *M.* — Tous les cantons.

— Elle est de huit pommiers, poiriers ou autres arbres à fruits, *par hectare de terre labourable.*

M. L. — Segré, 28.

M. — Châteaugontier, 26 ; Laval, 28.

— De quatre pommiers, poiriers, etc...

M. L. — Chemillé, 23.

— De dix arbres fruitiers...

M. L. — Briollay.

— **Abritage, béchage, espaçage, nettoyage...** — Le terrain doit être bêché à 50 cent. de profondeur ; les jeunes arbres sont espacés de 60 cent. en tous sens, sarclés, cultivés, nettoyés du *blanc* (puceron lanigère), et le sol est couvert de feuilles ou d'autre couverture équivalente, chaque année, au printemps.

M. L. — Briollay, Chemillé, 28 ; St-Georges, 16 ; Segré, 28.

M. — Châteaugontier, 26 ; Laval, 28 ; Mayenne (arr^t).

— **Fourniture** *du plant.* — A la charge du fermier.

M. L. — Briollay, Chemillé, 23 ; Segré, 28.

M. — Châteaugontier.

— Aux frais du propriétaire.

M. — Laval, 28 ; Mayenne (arr^t).

— **Renouvellement.** — Tous les trois ans.

M. L. — Segré, 28.

---

(1) Le propriétaire a le droit, en fournissant les sujets, d'établir une pépinière sur la ferme, si elle n'en a pas déjà une, pour l'entretien des fruitiers.

M. — Gorron, 29.

— Tous les quatre ans. — *M. L.* — Chemillé, 23. — *M.* — Châteaugontier, 26.

— Tous les huit ans. — *M.* — Laval, 28.

PÉPINIÈRES industrielles. — Autour d'Angers et de Doué-la-Fontaine, notamment, les pépiniéristes prennent à ferme des terres qu'ils sèment et cultivent en arbres.

— A la fin du bail, ils doivent laisser la terre défoncée et nette de mauvaises herbes.

— Ils ne peuvent réclamer aucune indemnité pour les semis dont ils ne profitent pas.

— Ils ont le droit d'enlever tous les arbres et arbustes qu'ils ont plantés.

— Ils ne sont pas tenus de dommages-intérêts pour avoir retourné le sol (1), c'est-à-dire pour avoir rapporté les terres du fond à la surface ; ils ne sont pas astreints à la sortie de rétablir les terres dans leur état primitif.

M. L. — Arr^ts d'Angers et de Saumur.

V. **Plantations.**

PIERRES. — **Charroi.** — Le fermier est obligé de voiturer les pierres nécessaires aux réparations jusqu'à 2 kil.

M. L. — Chemillé, 7 ; Segré, 8.
M. — Châteaugontier, 5.

V. **Matériaux.**

---

(1) A moins que cette faculté ne leur ait été formellement interdite.
M. L. — Angers S.-E., 104.

— Ramassées dans la ferme. — Elles sont au propriétaire, et le fermier n'en peut disposer.

M. L. et *M.* — Tous les cantons.

PLACARDS pratiqués dans un mur séparatif. Ils sont une marque de mitoyenneté.

M. L. — Beaupréau.

V. **Murs.**

PLANTATIONS. — Art. 671 du Code civil. « Il n'est permis de planter des arbres de haute tige qu'à la distance prescrite par les règlements particuliers actuellement existants, ou par les *usages* constants et reconnus ; et, à défaut de règlements et d'usage, qu'à la distance de deux mètres de la ligne séparative des deux héritages *pour les arbres à haute tige*, et à la distance d'un demi-mètre, *pour les autres arbres* et haies vives.

— 672. Le voisin peut exiger que les arbres et haies plantés à une moindre distance soient arrachés. Celui sur la propriété duquel avancent les branches des arbres du voisin, peut contraindre celui-ci à couper ces branches. Si ce sont les racines qui avancent sur son héritage, il a droit de les y couper lui-même.

— 673. Les arbres qui se trouvent dans la haie mitoyenne sont mitoyens comme la haie ; et chacun des deux propriétaires a droit de requérir qu'ils soient abattus. »

— Distances *de l'héritage voisin.*

— Arbres à haute tige.

— A 2 mètres de la ligne séparative.

M. L. — Beaupréau, Champtoceaux, 39 ; Doué, Gennes, Montrevault, Saumur Sud, Vihiers.

— **Arbres à basse tige.**

— A 0^m 50. — *M. L.* — Gennes, Vihiers.

— **Arbres en quenouille.** — On les tolère à 0^m 50, pourvu qu'ils ne s'élèvent pas à plus de 4 mètres.

M. L. — Thouarcé.

— **Le long des eaux courantes** (non navigables), les plantations sont libres et ne sont astreintes à aucune distance.

M. L. et *M.* — Tous les cantons.

— **Le long des fossés mitoyens,** quelle que soit leur largeur, on plante sans observer aucune distance (dans la Vallée).

M. L. — Saumur N.-E., N.-O., Sud.

— **Le long des murs mitoyens,** on peut planter et appuyer des arbres, à la condition de les tenir constamment taillés et palissés *au-dessous du chapeau ou chaperon.*

M. L. et *M.* — Tous les cantons.

— **Droit du propriétaire.** — Le propriétaire fait à ses frais telles plantations que bon lui semble, en indemnisant le fermier de tout dommage causé aux ensemencés.

M. L. et *M.* — Tous les cantons.

— **Pour les plantations annuelles,** qui sont dues sans indemnité par le fermier, il indique les endroits où elles doivent être pratiquées.

M. L. et *M.* — Tous les cantons (1).

---

(1) Tout sujet endommagé se paie à raison de 3 fr. pendant les cinq premières années de plantation, et de 5 fr. au-delà...
M. — Gorron, Horps, Villaines.

— Fosses ou trous des plantations. **— Dimensions.**

— Diamètre : 1^m 50.

M. L. — Briollay, Chemillé, 24 ; Durtal, 124 ; Segré, 29.
M. — Châteaugontier, 27 ; Laval, 29 ; Mayenne (arr^t).

— Profondeur : 0^m 50.

M. L. — Briollay.
M. — Laval, 29 ; Mayenne.

— 0^m 67. — *M.* Ernée, 24.

— 0^m 70. — *M. L.* — Chemillé, 24 ; Segré, 29. — *M.* — Châteaugontier, 27.

— 0^m 80. — *M. L.* — Durtal, 134.

— Greffe *des arbres plantés.* — A la charge du fermier, — avec espèces indiquées par le propriétaire.

M. L. — Chemillé, 24 ; Durtal, 134 ; Segré, 29.
M. — Laval, 29 ; Mayenne.

— Avec de bonnes espèces (laissées au choix du fermier ou colon).

M. L. — Briollay.
M. — Ernée, 24.

V. **Greffe.**

— Nombre *des plantations annuelles imposées au fermier* (1).

— Un sujet (pris dans la pépinière) par deux hectares de terres labourables.

M. L. — Briollay, Chemillé, 24 ; Segré, 29.
M. — Châteaugontier, 27 ; Mayenne.

---

(1) Toutes plantations d'arbres , sauf celles des sauvageons, sont interdites au fermier s'il n'a pas l'ordre ou l'autorisation du propriétaire.
M. L. et *M.* — Tous les cantons.

— Un par trois hectares. — *M*. — Laval, 29.

— Un par hectare. — *M. L.* — Durtal, 134.

— Aucun nombre fixé. Les sujets sont fournis par le propriétaire. — *M*. — Ernée, 26.

— Le fermier n'est obligé de faire des plantations que pour remplacer les arbres endommagés par ses bestiaux.

M. — Pré-en-Pail.

— **Soins donnés** par le fermier aux plantations annuelles.

— Les jeunes arbres doivent être constamment garnis d'épines et, tous les deux ans, fumés et bêchés jusqu'à 66 centimètres du pied, tant qu'ils n'ont pas atteint, à 1 mètre du sol, une circonférence de 0m 50 à 0m 70. — *M. L.* Chemillé, 24 (1).

— De 0m 50.

M. L. — Segré, 29, 30.

M. — Châteaugontier, 27; Gorron, Horps, Mayenne, Villaines.

— De 0m 40. — *M. L.* — Briollay.

— De 0m 25. — *M*. — Laval, 29.

— Si la terre végétale ne va pas jusqu'à 1m 50, le fermier est tenu d'en rapporter.

M. L. — Durtal, 135.

— **Sortie** *du fermier* (à la). — Tous les jeunes arbrisseaux doivent être laissés vifs à la fin du bail.

M. L. et *M*. — Tous les cantons (2).

---

(1) Les arbres sont reçus comme bons à planter, lorsqu'ils ont déjà 30 cent. de tour.

(2) Cependant, si le fermier est obligé à planter annuellement un certain nombre d'arbres et qu'à sa sortie le nombre ne se retrouve pas, on lui accorde qu'il a pu en périr un tiers, dont il n'a pas à rendre compte.

PLANTES FOURRAGÈRES. — **Consommation** (des). — Elle se fait sur place et le fermier ne peut ni les vendre ni les enlever, tant à la fin que pendant le cours de son bail.

M. L. et *M.* — Tous les cantons.

V. les articles spéciaux, pour certaines exceptions.

PLANTES ou herbes **NUISIBLES**. — Elles doivent être détruites avant la maturité des graines.

M. L. et *M.* — Tous les cantons.

V. **Sarclage.**

PLANTES OLÉAGINEUSES. — La culture en est interdite dans la dernière année du bail.

M. — Châteaugontier, 12.

V. **Chanvre, colza, lin.**

POIREAUX ou *poreaux*. — Le fermier entrant peut planter, dans le jardin, cent poireaux, à raison de chaque hectare semé en blé d'hiver. Il les fume avec l'engrais du lieu.

M. L. — Durtal, 114; Segré, 56.
M. — Châteaugontier, 51; Laval, 55.

POIS (sortant). — *V.* **vesceau**, mêmes usages.

POMMES DE TERRE. — **Consommation.** — Sur place : le fermier ne peut ni les vendre ni les enlever (1).

M. L. — Angers N.-O., Chalonnes, 11 ; Ponts-de-Cé, 5 ; Vihiers.

— Le *sortant* a le droit d'emporter toutes celles qu'il a récoltées.

M. L. — Durtal, 118 ; St-Florent, 21.

---

(1) Elles sont considérées comme racines fourragères.

— Le *sortant* peut emporter la portion qui lui revient.

M. L. — Baugé, Segré, 60.

— ... Jusqu'à concurrence de six hectolitres.

M. L. — Briollay.

— Le sortant, s'il est prévenu avant le 1er août, doit conserver, pour son successeur, qui les paie au prix fixé par experts, les trois quarts de la récolte de pommes de terre, choux, betteraves et autres racines fourragères qu'il a enlevées ; s'il n'a pas été prévenu, il conserve la totalité de ces racines (ou la moitié, s'il est colon partiaire) dont il dispose comme bon lui semble à sa sortie.

M. — Laval, 57.

— **Engrais** (*arrière-récolte*). — A la charge exclusive du sortant.

M. L. — Chemillé, 48 ; Ponts-de-Cé, 25.

— Si ce sont des engrais étrangers, ils sont payés par moitié.

M. L. — Segré, 61.

— Le sortant n'est obligé de fumer les pommes de terre que si leur ensemencé excède le douzième des terres arables.

M. L. — Noyant.

— **Ensemencés** *de pommes de terre ou autres racines.* — **Etendue.**

— Un vingt-quatrième des terres arables.

M. L. — Segré, 16 ; Vihiers.

— Un douzième. — *M.* — Laval, 17.

— Un sixième (1).

M. — Ambrières, 167 (2); Couptrain, Gorron, Horps, Lassay, Pré-en-Pail.

— Un quart.

M. — Ernée, 4 ; Landivy, Villaines.

— Elles ne sont guère cultivées que dans les closeaux, comme les coupages annuels et les racines fourragères.

M. — Gorron, 18 ; Horps, Villaines.

— *La dernière année.* — Le sortant peut semer des pommes de terre sur un vingtième des guérets de la dernière année, et il en fait la récolte à son profit.

M. L. — Durtal, 115.

— Le *sortant* n'en peut avoir que dans le jardin ou dans un friche (3); si l'entrant l'autorise à en semer, il lui est dû les fanes et les pampres.

M. — Horps, 31 ; Landivy.

— **Fanes** (tiges et feuilles). — Le sortant doit les laisser intactes à l'entrant.

M. L. — Angers N.-O., St-Georges, 44, Louroux, 48 ; Ponts-de-Cé, Thouarcé, r. g.

— Le sortant peut les faire consommer toutes.

M. L. — Briollay, Chemillé, 43 ; Segré, 50.
M. — Châteaugontier, 46.

— Elles se partagent par moitié entre l'entrant et le sortant.

M. L. — Angers N.-E., S.-E., Thouarcé, r. d.

V. **Pailles.**

---

(1) Ou sarrazin, ou chanvre, ou plantes fourragères.
(2) C'est l'entrant qui fait cet ensemencé.
(3) « A peine d'une indemnité à raison des pailles et autres *ressorts* qu'aurait pû produire un autre emploi du terrain. »

12.

— **Partage** (col. part.) **entre le propriétaire et le colon.**

— Le colon peut disposer, à son profit, d'une quantité égale à celle que le propriétaire prend lui-même pour son usage particulier ; lors même que le propriétaire n'en prendrait pas, le colon a droit de s'en réserver six hectolitres.

M. L. — Angers N.-O., Segré, 82 ; Vihiers, 66.
M. — Châteaugontier, 72 ; Laval, 86.

— ... Suffisamment pour les besoins du ménage.

M. L. — Durtal, 119.
M. — Bais, 54 ; Gorron, 87 ; Mayenne, 74.

— ... *Id*... Et pour l'engraissement de plusieurs porcs.

M. L. — Louroux, 75.

— L'excédant de ce qui est nécessaire à l'engrais et à la nourriture des bestiaux se partage après prélèvement des semences.

M. L. — Baugé.
M. — Ernée, 56.

— Elles sont attribuées en totalité au colon.

M. L. — Chemillé, 85.

— **Entre l'entrant et le sortant.** — Le sortant profite seul des pommes de terre qui existent sur la ferme à sa sortie.

M. L. — Ponts-de-Cé, 26.

V. le dernier paragraphe du sous-titre *Consommation*, même article.

— Les pommes de terre de l'arrière-récolte sont partagées par moitié entre le sortant et l'entrant, après prélèvement des semences.

M. L. — Segré, 61.

PORCS (col. part.). — Ils sont laissés tous au colon.

M. L. — Chemillé, 85.

PORTES. — L'entretien (y compris le **seuil** et les **jambages**) en est à la charge du fermier.

M. L. — Noyant, Seiches, Thouarcé.
M. — Châteaugontier, 3 ; Laval, 3.

— **Ferrure et serrure**. — *V.* **croisées**, mêmes usages.

POUDRETTE. — Engrais *étranger à la ferme* comme le *noir*, la *charrée*, le *guano*, etc. On en met sur les terres destinées au *sarrazin*.

V. Ce mot.

M. — Laval, 18 ; Mayenne (arr^t).

POUX ou *balles* ou *épigots*. — *V.* **déchets** de battage.

PRAIRIES ou **PRÉS** (1) (*naturels*). — **Clôture.** — **Epoque** (de la).

— Fin novembre. — *M.* — Pré-en-Pail, 14.

— 31 décembre. — *M.* — Laval, 22.

— 1er janvier. — *M. L.* — Durtal.

M. — Châteaugontier, 20 ; Gorron, 23.

— 1er février.

M. L. — Angers N.-O., S.-E, 64 ; Chalonnes, Chemillé, Louroux, 8 ; Segré, 22.

---

(1) Une fois converties en prairies naturelles, les terres de labour sont assimilées aux anciens prés, pour la *récolte* et le *partage* du foin et pour *tous les travaux*. Elles ne peuvent plus être remises en culture qu'avec l'agrément du propriétaire.

M. L. — Angers N.-O., 9 ; Chalonnes, 20 ; Segré, 27.
M. — Châteaugontier, 25 ; Laval, 47 ; Mayenne (arr^t).

— 2 février.

M. — Ambrières, 20 ; Bais, 12; Couptrain, 35; Ernée, 19 ; Horps, 24 ; Lassay, 13 ; Mayenne, 23 ; Villaines, 13.

— 1er mars.

M. L. — Angers N.-E., Champtoceaux (1), Montre-vault (1), Ponts-de-Cé, 13.

— *Année de la sortie.* — **Travaux** *de la clôture.* — Ils sont à la charge de l'entrant qui se sert des épines du lieu.

M. L. — Durtal, 149 ; Segré, 39.

M. — Bais, 19; Châteaugontier, 36 ; Gorron, Horps, 36 ; Lassay, 19 ; Mayenne, 37 ; Villaines.

— Ils sont à la charge du sortant (avec les épines du lieu).

M. L. — Angers N.-O., Beaufort (2), Chalonnes, 29 (3) ; Chemillé, 33 ; Seiches (2), Vihiers, 37.

M. — Couptrain (4), 64 ; Ernée, 28.

— **Coupe** ou **fauchage**. — **Conditions**. — Le plus ras possible.

M. L. et *M.* — Tous les cantons.

— **Epoque**. — Du 24 juin au 15 juillet.

M. L. — Segré, 22.

— Du 15 juin au 15 juillet. — *M.* — Ambrières, 21 ; Châteaugontier, 21 ; Gorron, 24.

— Du 20 juin au 24 juillet. — *M.* — Villaines, 14.

— Du 25 juin au 15 juillet. — *M.* — Horps, 25.

---

(1) L'année de la sortie, — le 2 février.
(2) Ce travail doit être fait au 1er mars qui précède l'entrée.
(3) Le sortant a, pour faire la clôture, du 1er novembre au 1er janvier après la sortie.
(4) Dans les dix jours qui suivent le 2 février, les travaux de clôture et de nettoiement sont faits aux frais du sortant par l'entrant, après sommation faite devant témoins et laissée sans effet : le sortant a un délai de quatre jours pour y répondre.

— A partir du 11 juin, pourvu que l'herbe soit
mûre.

M. L. — Chalonnes, 17.

— Lors de la floraison ou maturité des foins.

M. L — Angers, N.-O., 8.
M. — Laval, 23.

V. **Foins.**

— **Epinage** (1) et **étaupinage** (*année de sortie*).
— A la charge du sortant, — au plus tard dans le
mois de février qui précède sa sortie.

M. L. — Beaufort.

— Pour le cours du bail, *V.* **Nettoyage** (*même
article*).

V. **Taupes et fourmilières.**

— **Fumure.** — Elle se fait par quart, chaque
année.

M. L. — Chemillé, Segré, 24 ; Vihiers.
M. — Châteaugontier, 22 ; Laval, 25.

— Par cinquième. — *M.* — Mayenne, 25 (2).

— Par neuvième. — *M.* — Gorron.

— **Quantité** *d'engrais.* — Par hectare : 20 hectolitres de chaux ou d'engrais équivalents.

M. L. — Segré, 24 ; Vihiers.

---

(1) Dans le cours du bail, le fermier est tenu d'épiner les prés.
M. L. — Angers N.-E., Beaupréau, Briollay, Cholet, St-Florent, 43 ; etc. *V.* Nettoyage.

(2) Les engrais sont étendus dans les prés, soit après l'enlèvement des foins, soit pendant les gelées quand la terre est dure, afin
que le passage des chariots ne la défonce pas.
M. — Mayenne (arr¹).

— De 16 à 20 hectolitres de chaux ou autres engrais désignés par le propriétaire.

M. L. — Chemillé.

— 16 hectolitres de chaux ou d'engrais équivalents.

M. — Châteaugontier, 22.

— 12 hectolitres de chaux, mélangés avec les fientes, déchets et curures.

M. — Mayenne.

— Non obligatoire.

M. — Pré-en-Pail, 14.

— **Variétés** *d'engrais.* — On *réunit aux terres* provenant des *rigoles*, les *fientes* tombées sur les prés (recueillies au moins deux fois l'an) ; on peut y joindre encore les déchets de paille après qu'ils ont servi de litière. Ces mélanges sont étendus sur les prés en temps convenable.

M. L. — Ponts-de-Cé, 15 ; Segré, 25 ; Vihiers, 24.

M. — Châteaugontier, 23 ; Laval, 24 ; Mayenne (arr¹).

V. **Engrais.**

— **Impôt** foncier de la dernière année, **pour les prés isolés.** — Il est payé par le sortant jusqu'au 1ᵉʳ janvier qui suit sa sortie.

M. L. — Louroux, 56.

V. **Impôts.**

— **Nettoyage** et **entretien** *dans le cours du bail.* — Le fermier est tenu de nettoyer les prés en février. Il doit aussi les épiner et les étaupiner.

M. L. — Angers N.-E., Beaufort, Beaupréau, Briollay, Champtoceaux (1), Chalonnes, 12 ; Chemillé, Cholet, Durtal, 145 ; St-Florent, St-Georges (2), Louroux, Montrevault (2), Seiches.

M. — Châteaugontier, Laval, Mayenne (arr¹).

---

(1) Du 1ᵉʳ novembre au 1ᵉʳ février.
(2) On accorde jusqu'aux premiers jours de mars.

— *La dernière année.* — Le nettoyage des prés est à la charge de l'entrant.

M. L. — Segré, 39.

— A la charge du sortant.

M. L. — Chemillé, 23 ; Vihiers, 37.

— Les prés, au 2 février, doivent être propres, sans feuilles et étaupinés.

M. — Couptrain.

V. **Epinage** (même article.)

— **Ornières** et **excavations.** — Elles sont comblées et nivelées, avant le 1ᵉʳ décembre.

M. L. — Chemillé.

— Avant le 1ᵉʳ janvier. — *M. L.* — Angers S.-E., 69.

M. — Châteaugontier, 23 ; Laval, 24.

— Avant le 1ᵉʳ février. — *M. L.* — Briollay.

— **Pacage** ou **pâturage** (1). **Droit** (de). — Le fermier peut faire pacager les prés aussi longtemps que bon lui semblera, même à la fin de sa dernière année.

M. L. — Cholet.

— Le sortant peut faire pacager partout, excepté dans les prés fauchables.

M. L. — Noyant.

— **Ouverture** (du) *Epoque.* — 8 septembre.

M. L. — Angers N.-E., S.-E., 66.

— L'entrant peut faire pacager dans les prés naturels dès le 1ᵉʳ mars qui précède son entrée.

M. L. — Baugé.

____

(1) *V.* Prés artificiels.

Suspension (du). — A partir du 1er janvier.

M. L. — Durtal, 44.

— ... Du 1er février.

. L. — Angers N.-O., Briollay, Chalonnes, 17; St-Florent (1), Louroux, 8.

— ... Du 2 février.

M. L. — Champtoceaux, Montrevault.

— ... Du 15 mars.

M. L. — Cholet.

— ... Du 23 avril.

M. L. — Montfaucon.

— **Passage** (dans les prés communs.) — Il doit être fauché le 28 juin (St-Pierre) et le foin enlevé le 28 juillet (la Madeleine.)

M. L. — Durtal, 44.

— **Regain** (2) *des prés communs.* — Pâturage (du). — A l'époque fixée dans chaque localité par l'autorité municipale.

M. L. et *M.* — Tous les cantons.

— **Rigoles** ou **ruisseaux** d'égouttement et d'irrigation. — *Époque* de leur réparation, qui est obligatoire pour le fermier (3).

— Sans indication de date, mais en temps convenable, c'est-à-dire avant la clôture des prés.

M. L. — Beaupréau, Briollay, Chemillé, Cholet, Durtal, 145 ; St-Florent, 43 ; Montrevault, 9.

M. — Bais, 14 ; Châteaugontier, 23 ; Ernée, 21 ; Laval, 24.

---

(1) Même s'il s'agit de prairies isolées.
(2) *V.* Regains.
(3) Ces rigoles sont *constamment* et soigneusement entretenues, suivant le système adopté par le propriétaire, lorsqu'il a pris le soin de le faire appliquer.

M. — Châteaugontier, 23.

— Du 1er novembre au 1er janvier.
M. L. — Chalonnes, 18.

— Du 1er décembre au 1er janvier.
M. L. — Angers N.-O., 80.

— Du 1er décembre au 1er février.
M. L. — Chemillé.

— Du 15 décembre au 1er février.
M. L. — Ponts-de-Cé, 14 ; Segré, 25 ; Vihiers.

— En janvier. — *M. L.* — Montfaucon.

— En février. — *M. L.* — Louroux, 4.

— Dans les premiers jours de mars.
M. L. — St-Georges, 14.

— **Terres provenant du curage** *des rigoles et fossés.*
— Elles sont réunies (1), travaillées et mélangées avec les fientes et déchets de battage, puis étendues sur les prés (2). — *V.* **Engrais** (*même article*).
M. L. — Briollay, Ponts-de-Cé, 15 ; Segré, 25 ; Vihiers, 24.
M. — Châteaugontier, 23 ; Laval, 24 ; Mayenne (arr¹).

— Du 1er novembre au 31 décembre.
M. — Laval, 22.

— Après l'enlèvement des foins ou pendant les gelées.
M. — Mayenne (arr¹).

— **Travaux** *d'égoultement et d'irrigation,* — **nouveaux.** — Le propriétaire qui les juge utiles peut

---

(1) De la manière la moins nuisible aux prés.
M. — Mayenne (arr¹).

(2) Elles sont immédiatement amassées, enlevées et mises en *tombes* dans le pré, et lorsqu'elles sont réduites en compost, elles sont étendues sur le pré.
M. — Couptrain, 36.

toujours les faire exécuter à ses frais. L'entretien en est à la charge du fermier.

M. L. — Ponts-de-Cé, 15 ; Segré, 25.

PRÉS DE COUPE *ou prés gras.* —On nomme ainsi (dans l'arr^t de Cholet) les prés dont l'herbe se coupe à toutes les époques de l'année, pour être mangée en vert.

— Ils peuvent être fauchés jusqu'au 23 avril.

M. L. — Montfaucon.

— Le pacage y est absolument interdit.

M. L. — Chemillé, Montfaucon.

— Le pacage y prend fin au 1er février.

M. L. — Cholet.

PRÉS ARTIFICIELS (1). — **Clôture.**

— Le 1er décembre. — *M. L.* — Louroux, 8.

— Le 1er janvier.

M. L. — Chemillé, Ponts-de-Cé, 3 ; Segré, 22.
M. — Châteaugontier, 20.

— Le 1er février. — *M. L.* — Angers N.-E., S.-E. 64.

— Le 2 février. — *M.* — Bais, 12 ; Ernée, 19.

— **Coupe.** — Du 24 mai au 22 juin.

M. — Gorron, 24.

— Du 1er juin au 24 juin. — *M.* — Horps.

— Du 10 au 24 juin. — *M.* — Villaines, 14.

— Du 24 juin au 15 juillet. — *M. L.* — Segré, 22.

---

(1) Beaucoup de procès-verbaux ne distinguent pas ; ils mentionnent simplement les usages relatifs aux *prairies.* D'autres ne parlent que des prés naturels.

— Du 15 au 25 juin. — *M*. — Pré-en-Pail, 17.

— A la maturité. — *M. L*. — Angers, N.-O., 8.

M. — Laval, 23.

V. **Foins.**

— **Pacage** (**Droit de**). — *Le sortant* peut faire pacager dans les prés artificiels, jusqu'à ce qu'ils aient reçu leur tour de labour. Si la terre est très-sèche, on peut tolérer les bestiaux jusqu'aux secondes façons.

M. L. — Baugé.

— Le **sortant** ne peut faire pâturer dans les *trèfles* de l'année que les veaux d'un an ; dans les *luzernes* le pacage est interdit. Dans les autres prairies artificielles, le sortant ne peut faire pacager que la moitié de leur étendue... La division en deux parts égales est faite, vers le premier mars, par l'entrant, et le choix est laissé au sortant qui doit, pour faire pacager, attendre ce partage.

M. L. — Durtal, 144 et 145.

— Le sortant ne peut faire pâturer les prairies artificielles semées par l'entrant, que par les bêtes à corne et les poulains âgés de moins d'un an.

M. L. — Segré, 57.

M. — Châteaugontier, 54.

— Le **pacage** est clos au 1er décembre.

M. L. — Louroux.

V. **Foins.**

PRESSOIRS. — Le fermier ou colon est tenu d'entretenir le pressoir à vin ou à cidre en bon état de propreté et de réparations locatives, et il est responsable de tous dommages causés par sa négligence (1).

M. L. et *M.* — Tous les cantons.

— Les **réparations** sont faites à la charge du fermier, chaque année, après que le pressoir ou le concasseur de pommes a servi.

M. L. — Angers N.-E., N-O., 4; S.-E., 33; Beaufort, Briollay, Chalonnes, 8; Champtoceaux, Durtal, 100; St-Florent, 18; St-Georges, 5; Montrevault, Ponts-de-Cé, 3; Segré, 5.

M. — Châteaugontier, 3; Laval, 3; Mayenne (arr').

— **Le bois** des réparations est fourni *debout* par le propriétaire.

M. L. et *M.* — Tous les cantons.

PRESTATIONS pour l'entretien des chemins vicinaux.

— Les prestations en nature ou en argent, pour l'entretien des chemins vicinaux, sont toujours à la charge du fermier.

M. L. et *M.* — Tous les cantons.

— **(Année de recours)** *c'est-à-dire l'année qui suit la sortie.*

Le fermier *entrant* doit les prestations en nature à partir du 1er janvier qui suit son entrée en jouissance, lors même que le rôle des contributions les porterait au nom de son prédécesseur.

M. L. — Angers N.-O., St-Florent, 22; Louroux, 25; Segré, 43; Vihiers, 41.

---

(1) Il doit désardiller le pressoir, chaque fois qu'il en use, disjoindre la maille pour faciliter le dessèchement; le laver, et, s'il y fait du cidre, piler en dehors les poires et les pommes.

M. L. — Angers S.-E., 34 et 35.

M. — Châteaugontier, 3.

— Elles sont toujours à la charge exclusive de l'entrant.

M. L. — Champtoceaux, 30 ; Durtal, 122 ; St-Georges, Louroux.

M. — Laval, 44.

— (**Dernière année**) *ou année de la sortie.* — Les prestations sont dues, — les deux tiers par le sortant et l'autre tiers par l'entrant.

M. L. — Beaupréau, Chalonnes, 32 : Chemillé, 54 ; Segré, 43 ; Thouarcé, r. g.

M. — Ambrières, Bais, 21 ; Couptrain, Ernée, 34 ; Gorron, Landivy, 7 ; Mayenne.

— En totalité par le sortant.

M. L. — Durtal, 123 (même par le sortant au 23 avril).

M. — Laval, 44.

— (**Colonie partiaire**). — Le **colon** doit la totalité des **prestations.**

M. L. et *M.* — Tous les cantons.

PRODUITS (col. part.). — **Partage.** — Tous les produits naturels et artificiels, excepté ceux qui doivent être consommés sur le lieu pour la nourriture du ménage et des bestiaux ou pour l'amélioration du fonds, se partagent par moitié.

M. L. et *M.* — Tous les cantons.

— **Transport** de la part du propriétaire. — Il se fait, aux frais du colon, à l'époque et au lieu fixé par le propriétaire (1).

---

(1) Dans le cas d'un changement de colon, le transport est fait par le colon du moment où est due la prestation et non par le colon sorti.

— Jusqu'à la distance de 2 myriamètres.

M L. — Angers N.-O., Briollay, Chalonnes, Durtal, 109 ; St-Florent, 39 ; Louroux, 71 , Segré, 78 ; Vihiers, 62.

M. — Châteaugontier, 68 ; Ernée, 51 (1) ; Mayenne, Villaines.

— Jusqu'à 3 myriamètres. — *M.* — Laval, 8.

— Pas au delà d'un myriamètre. — *M.* — Gorron.

— Sans indication de distance.

M. L. — Angers N.-E.
M. — Bais, 50.

V. **Fruits** *et les articles spéciaux.*

PUITS (Communs). — La *corde* est entretenue par tous les ayants-droit.

L'eau ne peut être employée à l'arrosage que du consentement de tous.

M. L. et *M.* — Tous les cantons.

— **(De ferme).** — **Construction.** — Il faut établir *entre deux puits* un contre-mur de 1 mètre.

M. L. — Durtal, 60.

— *Entre le puits et le mur voisin...* un contre-mur de 0^m 33.

M. L. — Durtal, 60.

— ... De 0^m 50. — *M. L.* — Louroux, 96.

— Epaisseur indéterminée. — *M. L.* — Beaupréau.

— Il faut laisser un espace vide de 0^m 33 ou un contre-mur de 0^m 50.

M. L. — Baugé, Doué, Gennes.

---

(1) Au domicile du propriétaire s'il habite dans le canton ; sinon, il peut exiger que sa part soit conduite au marché du chef-lieu de canton.
M. — Ernée, 8.

— Propriété *des accessoires.* **— La corde** et le c`abut sont censés appartenir au fermier, et le treuil au propriétaire, qui doit le fournir.

M. L. et *M.* — Tous les cantons.

PURIN ou **Jus de fumier.** — Qu'il nous soit permis, à l'occasion de ce mot, de déplorer, avec tous les agronomes, l'ignorance ou l'incurie de presque tous nos fermiers qui laissent s'écouler et se perdre un précieux élément de fécondité. Plus éclairés, ils recueilleraient soigneusement le purin et en enrichiraient leurs composts (*V. ce mot*). Nous souhaitons que les propriétaires, dans l'intérêt de leurs terres aussi bien que de ceux qui les cultivent, suppléent à l'absence d'*usages* sur cette matière, par des clauses écrites dans les baux, pour obliger les fermiers à entretenir des fosses à purin.

Q

QUEUES DE CHARRUE. — Le fermier *sortant* doit laisser sur les arbres émondables trois queues de charrue bonnes à prendre par l'*entrant*.

M. L. — Champtoceaux, Chalonnes, 23 ; Cholet, Montfaucon, Montrevault.

QUINTES. — Nom donné à certaines catégories de terres dans le canton des Ponts-de-Cé.

R

RACINES FOURRAGÈRES.—Consommation. — Toutes les racines fourragères telles que carottes, betteraves, navets, pommes de terre, sont considérées comme fourrages et ne peuvent être vendues ni enlevées, sauf quelques cas mentionnés dans les articles spéciaux à chaque espèce.

M. L. et *M.* — Tous les cantons (1).

— Prélèvement du colon (col. part.). — *V.* **Pommes de terre.**

— Quantité réservée *à l'entrant.* — *Le sortant* doit, s'il est prévenu avant le 1er août, conserver pour son successeur, qui les paie au prix fixé par experts, les trois quarts de la récolte de pommes de terre, choux, betteraves, etc., qu'il a cultivés ; s'il n'a pas été prevenu, il conserve la totalité de ces racines (ou la moitié s'il est colon partiaire) dont il dispose comme bon lui semble à sa sortie.

M. — Châteaugontier, 54 ; Laval, 57.

V. Les diverses racines fourragères.

RATELIERS. — Bois. — Il est fourni, *debout,* par le propriétaire.

M. L. — Briollay, Chalonnes, 6 ; Chemillé, St-Florent, 25 ; Louroux, 3 ; Montfaucon, Montrevault, Ponts - de - Cé, 3 ; Segré, 5 ; Thouarcé, Vihiers.

M. — Bais.

— Le fermier doit le bois comme la main-d'œuvre.

M. L. — St-Georges, Montfaucon.

— Entretien. — A la charge du fermier (2).

M. l. et *M.* — Tous les cantons.

RAY-GRASS. — Nom anglais de l'*ivraie vivace* et de l'*avoine élevée* et, en général, de toutes les

---

(1) Les pommes de terre, dans le canton de Durtal (8), ne sont pas assimilées aux fourrages.

(2) Sauf la destruction par vétusté.

graminées qui se cultivent pour la nourriture des bestiaux.

V. **Foins** artificiels et **prairies.**

— On répand sur les semailles d'orge et d'avoine 15 à 20 kilos de trèfle ou 30 à 40 kilos de ray-grass par hectare.

M. — Châteaugontier, 11.

— ... Dans les pièces de terre destinées à servir de pâture l'année suivante, on sème, par hectares de 30 à 40 kil. de ray-grass pur ou mélangé de lupine et de minette.

M. — Laval, 16.

V. **luzernes** et **trèfles.**

RECHAUMAGE. — Rechaumer, c'est ensemencer de gros grains les mêmes terres deux années de suite. Cet abus est formellement interdit et il autorise le propriétaire à exiger des dommages-intérêts.

M. L. — Angers S.-E., 49.

RÉCOLTE. — **Arrière-récolte** *ou arrière-levée.* — **Attribution et partage.**

— Le *sortant* a droit à la totalité de la récolte de l'année de recours, en payant le prix de ferme intégralement et les impôts jusqu'au 1ᵉʳ septembre. Ces paiements doivent s'effectuer avant la récolte.

M. L. — Chalonnes, 33 (1); Chemillé, 37.

— L'arrière-récolte se partage par moitié, après prélèvement des semences, s'il y a lieu (2).

M. L. — Angers N.-O., Briollay, Doué, Gennes, St-Georges, 38; Montreuil, Ponts-de-Cé, 25; Segré, 43.

M. — Châteaugontier, 40 ; Laval, 42

---

(1) Dans les communes de Denée et de Rochefort, l'entrant partage avec le sortant dans les conditions indiquées par l'alinéa qui suit.

(2) Le sortant fait tous les travaux et paie les deux tiers des impôts de l'année qui suit sa sortie.

13.

— Si la sortie a lieu à la Saint-Georges, le sortant revient chercher la récolte dite *hors bail*, mais il doit payer, avant tout enlèvement, l'année de fermage et d'impôts applicables à cette récolte.

M. L. — Vihiers, 39.

— **Battage.** — Il se fait à la ferme.

M. L. et *M.* — Tous les cantons (1).

— Le *fermier sorti* peut se servir, à son gré et à ses frais, du fléau, du rouleau ou de batteurs mécaniques. Il fournit aussi les chevaux et il les nourrit.

M. — Mayenne (arr¹).

— Il dispose la grange ou l'aire pour tasser et battre... Il prépare ses aliments au foyer de la maison.

M. — Mayenne (arr¹).

— **Journées et secours** *dus par l'entrant au sortant pour l'arrière-récolte.*

— Deux journées par hectare semé en blé d'hiver ; le sortant leur doit seulement la nourriture.

M. L. — Segré, 44 (excepté le canton de Châteauneuf).
M. — Châteaugontier, 41.

— Un homme pour les battages.

M. L. — Durtal, 158 ; Segré, 46.

— Un homme pour le transport des récoltes dans l'aire.

M. L. — Cholet.

— **Logements** *dus par l'entrant au sortant.*

— 1° La maison pour la cuisson des aliments et pour les repas.

---

(1) S'il s'agit de terres volantes et que la récolte se partage, le battage se fait sur place. — *M. L.* — Thouarcé.

— 2º Une place suffisante dans les étables pour les chevaux et bestiaux qui travaillent à l'arrière-récolte.

M. L. — Angers N.-O., Beaupréau, Champtoceaux, Chemillé, 44 ; Cholet, Doué, Montfaucon, Montrevault, Segré, 53; Vihiers.

— Une chambre, une écurie et une grange.

M. L. — Montreuil-Bellay.

— **Travaux.** — Ils sont exécutés par le sortant avec ses instruments, ses hommes et ses bêtes ; il fournit la nourriture et le bois pour la cuisson des aliments.

M. L. — Angers N.-O., Beaupréau, Briollay, Chemillé, 38 ; Doué, Segré, 53 ; Vihiers, 40.
M. — Châteaugontier, 40; Laval, 42 et 48 (1); Mayenne (arr^t).

— Ils sont exécutés à frais communs, en cas de partage.

M. L. — Cholet, St-Georges, 38 ; Ponts-de-Cé, 26 ; Thouarcé.

— **Transport des gerbes.** — Il est fait par l'*entrant*.

M. L.—Angers N.-O., 5 ; Beaupréau, Chemillé, 38 ; Cholet, Montfaucon, Ponts-de-Cé, 24; Segré, 43; Thouarcé, Vihiers, 40.

— Par l'*entrant* avec le concours du sortant.

M. L. — Champtoceaux, Montrevault, 19; Ponts-de-Cé ; 26.
M. — Châteaugontier, 39; Laval, 41.

— **Terres de l'arrière-récolte.** — Elles doivent être vidées le 15 août ; à défaut de maturité, on accorde un délai de tolérance.

M. L. — Montfaucon.

---

(1) Le sortant a droit de laisser en dépôt sur la ferme, à sa sortie, la machine à battre dont il doit se servir pour la dernière récolte.

— **Dernière récolte.** — **Logements dus par** *le sortant à l'entrant.*

— Pendant la durée du labour des jachères : place suffisante au foyer et à la maison pour les hommes, et dans les étables pour les bêtes.

M. L. — Beaufort, Saumur N.-E.

— Tous les locaux nécessaires aux approvisionnements des fourrages.

M. L. — Angers S.-E., Saumur N.-E.

— Le sortant ne doit de bâtiments à l'entrant qu'autant qu'il en a de libres.

M. L. — Angers N.-E.

— **Partage.**

— Si la sortie a lieu le 25 avril, le sortant partage avec l'entrant la récolte des gros grains ; il n'a aucun droit aux menus grains.

M. L. — Durtal, 161 et 162.

— Les céréales d'automne et de printemps sont en totalité au sortant ; les plantes sarclées ou textiles se partagent par moitié.

M. L. — Durtal, 160.

V. Les articles consacrés à chaque espèce de récolte.

RÉCOLTES SARCLÉES. — *V. Les articles spéciaux.*

RECOURS. — *V.* **Année** de recours et **arrière-récolte.**

REDEVANCES. — *V.* **Faisances.**

REFENDIS. — Semer sur refendis, c'est ensemencer deux années de suite les mêmes terres en céréales.

Cet abus est interdit, en principe, au fermier.

M. L. — St-Georges, 33 ; Louroux, 33 ; etc.

V. Rechaumage.

REGAINS. — C'est la seconde herbe des prairies, celle qui vient après la première coupe.

— **Abiénage.** — *V. Ce mot.*

— **Attribution.** — Le regain est à l'entrant.

M. L. — St-Florent, 28 ; Longué, 7 ; Seiches (1).

— **Au sortant.**

M. L. — Beaupréau, Durtal, 152 ; Louroux, 40 ; Ponts-de-Cé, 23 et 24 (2) ; Segré, 41.

M. — Châteaugontier, 37 ; Laval, 38.

— **Pâturage** au profit du sortant. — *Regain des prés naturels et artificiels.*

— Permis pour bêtes à cornes et poulains âgés de moins d'un an. — *M. L.* — Louroux, 40.

M. — Châteaugontier, 52.

— Permis d'une façon générale.

M. L. — Ponts-de-Cé, 24.

M. — Laval, 38 (3).

— (Dans l'année de la sortie) jusqu'au 2 novembre.

M. L. — Beaupréau.

V. **Prés.**

REJETONS OU GOURMANDS des arbres. — Le fermier doit les détruire soigneusement.

M. L. et *M.* — Tous les cantons.

---

(1) Excepté les communes de Chapelle-St-Laud, Corzé, Lezigné et Marcé, dans lesquelles le regain est au sortant.

(2) Il ne peut couper le regain.

(3) Mais le sortant ne peut faire pacager les jeunes trèfles.

RENAISSANCES. — Nom donné aux jeunes arbres de belle venue qui poussent sur les haies. Il est interdit au fermier de les détruire, élaguer ou étêter ; il doit les ménager et les protéger.

M. L. et *M.* — Tous les cantons.

V. **Emondage** et **haies**.

RÉPARATIONS LOCATIVES.—*V.* page 22, les articles 1754 et 1755 du Code civil.

— **Enumération générale** (1.) — Le fermier doit entretenir les biens loués en bon état de réparations locatives : ces réparations, outre celles mentionnées dans l'article 1754 du C. C., comprennent :

1° L'entretien de l'aire, des maisons et greniers, soit en terre, soit carrelés. — *V.* **Aire** et **carreaux**.

— 2° L'entretien du blanc ou de la tapisserie des maisons. — *V.* **Maisons**.

— 3° L'entretien du carrelage des fours.— *V.* **Fours**.

— 4° Des couvertures en ardoises ou en paille — *V.* **Couvertures**.

— 5° Du sol des écuries, rues et issues établies à la hauteur du dessous du seuil des écuries et étables. — *V.* **Etables**.

— 6° Des échelles, rateliers, mangeoires, crèches, entre-deux, auges, lorsque ces objets ont été fournis par le propriétaire et dépendent du lieu. — *V. Tous ces mots.*

— 7° Des barrières, échalas, haies, fossés et rigoles. — *V. Tous ces mots.*

---

(1) Suivant l'article 1755, aucune de ces réparations n'est à la charge du fermier quand elles ne sont occasionnées que par vétusté ou force majeure,

— 8º Des cours et chemins d'exploitation fermés et préalablement encaissés ou macadamisés par le propriétaire. — *V.* **Macadam** et **pierres.**

— 9º Du pressoir et de l'instrument à broyer les pommes. — *V.* **Pressoir.**

— 10º Des loges couvertes en chaume ou en paille. — *V.* **Loges.**

— 11º Des haies et fossés. — *V. Ces mots.*

M. L. et *M.* — Tous les cantons.

— **Exécution des réparations** (*Délai d'*). — Un mois à compter de la sortie du fermier ; sinon, elles sont estimées à l'amiable ou par le juge de paix, et le prix du montant peut en être réclamé.

M. L. — Thouarcé.

— **Recours pour inexécution.** — Un an à partir de la sortie.

M. L. — St-Georges, Longué, 2.

RÉPARATIONS (grosses) et **RÉFEC-TIONS** (1). — Déchets de bois employés à ces travaux (2). — Pour la *propriété*, V. **Déchets**; pour le *transport*, *V.* **Charroi.**

— **Matériaux** (*Transport des*).

— Le fermier, lorsqu'il a encore trois années de jouissance, fait sans salaire, et avec le harnais du lieu, l'approche à pied d'œuvre de tous les matériaux nécessaires aux réparations et *réfections* des bâtiments

---

(1) On entend par *réfection* dans l'arr^t de Segré, la reconstruction d'un bâtiment déjà existant et dont on ne change pas les dimensions.

Dans les autres arr^ts, le sens de ce mot est moins restreint ; il est synonyme de grosses réparations ou de reconstructions *partielles.*

(2) *V. Trempage de soupe.*

dépendants de la ferme. Il peut se refuser à exécuter les charrois pour les *réfections* seulement, en donnant congé de la ferme pour l'époque de la Toussaint, qui suit le mois de janvier le plus prochain.

M. L. — Chalonnes, 9 ; Segré, 8.

— Cette charge n'existe pas de plein droit ; il faut qu'elle ait été imposée par écrit ; si elle résultait seulement de conventions verbales, au cas de dénégation, la preuve par témoins ne serait pas admise. Lors même qu'elle a été imposée au fermier, il peut refuser de s'y soumettre si les matériaux sont distants de plus de deux myriamètres. Plus loin, les frais de transport se paient par moitié.

M. L. — Angers S.-E., 39 et 41.

— Le transport est dû par le fermier sans tenir compte du temps qui reste à courir, pourvu qu'il ait harnais et charrette.

M. L. — Chemillé, Cholet, Durtal, 106 (1) ; St-Florent.
M. — Ernée, 7 ; Laval, 8.

— Le transport est imposé au fermier, sans distinction.

M. L. — Montfaucon.

— La dernière année, le fermier n'est tenu à aucun charroi pour constructions nouvelles.

M. L. — Champtoceaux, Montrevault.

V. **Charrois** et **matériaux**.

— **Ouvriers et main-d'œuvre.** — Pour les pans de mur et les les portions de couverture (2), les ouvriers

---

(1) Il ne peut lui être demandé pour les constructions nouvelles.
(2) *V. Couverture.*

e sont payés par le propriétaire et nourris par le
fermier.

M. — Couptrain.

REPARÉE. — *V.* **Pas-de-bœuf.**

RETOURS. — Nom donné aux terres qui,
l'année précédente, portaient les grands blés. Elles
sont ensemencées en menus grains.

M. L. — Baugé.

RIGOLES. — *V.* **Prés.**

ROSIERS. — A la fin du bail d'un jardin, le
fermier peut enlever les rosiers qu'il a plantés, à
moins que le propriétaire ne veuille les conserver
moyennant indemnité.

M. L. — Angers S.-E., 124.

ROUÈRES. — Rigoles d'irrigation des prés.

M. L. — St-Georges, 4.

RUISSEAUX. — Le curage est à la charge du
fermier.

M. L. — Durtal, 102.

— Il n'est pas à sa charge. — *M. L.* — Baugé.

ROUTOIRS. — Le fermier *sortant* conserve
la jouissance des routoirs, situés dans les prairies
naturelles, jusqu'au 1er novembre. L'entrant peut
également s'en servir.

M. L. — Baugé.

RUCHES A MIEL. — Elles sont censées appartenir toujours au locataire ou fermier.

M. L. et *M.* — Tous les cantons.

S

SABLE. — Le fermier ne peut être tenu d'aller chercher du sable pour les réparations au delà de 2 kil.

M. L. — Chemillé, Segré, S.
M. — Châteaugontier, 5.

— A 1 kil. — *M.* — Ambrières, Laval, 8.

— Aux dépôts les plus rapprochés.

M. — Couptrain, Gorron, Mayenne.

V. **Matériaux.**

SAILLIE (frais de) (col. part.). — *V.* **Etalon**.

SAINFOIN. — **Classement**. — Il est considéré la première année comme *menu*, et la deuxième comme *jachère*.

M. L. — Beaufort.

— La première coupe est considérée comme fourrage sec, et, conséquemment, les deux tiers en restent à l'entrant.

M. L. — Thouarcé, r. d.

V. **Foins.**

SAPINIÈRES et **sapins**. — **Eclaircissage**. — Le premier se fait quand les sapins ont de six à huit ans, en les espaçant de 30 à 40 centimètres; les autres ont lieu tous les deux ou trois ans.

M. L. — Durtal, 173 ; Noyant.

— **Emondage**. — On a soin, en émondant les sapins qui n'ont pas atteint vingt ans, de leur laisser quatre couronnes et le bouquet. Aux sujets plus âgés, on conserve au moins cinq couronnes.

M. L. — Durtal, 174 ; Noyant.

— **Pacage.** — Il n'est permis qu'après le troisième éclaircissage.

M. L. — Durtal, 175 ; Noyant.

— **Sapinettes.** — On les considère comme combustibles, et les bruyères sont regardées comme engrais.

M. L. — Durtal, 176 ; Noyant.

SARCLAGE. — **Arrière-récolte.** — Il se fait à frais communs entre le *sortant* et l'*entrant*.

M. L. — Ponts-de-Cé, 26.

— **Epoque.** — **Aucune distinction de culture.** — Le fermier doit sarcler :

— Du 15 mars au 24 juin. — *M. L.* — Briollay.

— En avril, mai et juin. — *M. L.* — Angers N.-E.

— En juin. — *M.* — Pré-en-Pail.

— **Blés** *de mars.* — Avant le 24 juin (Si, postérieurement, il poussait de mauvaises herbes, le fermier, les couperait à hauteur de chaume).

M. — Angers S.-E., 26.

— **Froment.** — Du 15 mars au 1er mai.

M. L. — Louroux, 34 ; Ponts-de-Cé, 12.

— Du 15 mars au 15 mai. — *M.* — Gorron, Mayenne.

— Du 15 mars au 20 mai. — *M. L.* — Angers S.-E., 55

— Du 15 mars au 30 mai.

M. L. — Durtal, Chemillé, Segré, 21 ; Vihiers.
M. — Châteaugontier, 19 ; Laval, 21.

— **Grains de printemps.** — Avant le 1er juin.

M. L. — Louroux, 34 ; Ponts-de-Cé, 12.

— Avant le 30 juin. — *M. L.* — Durtal.

— Avant le 20 juin.

M. L. — Angers S.-E, 55 ; Chemillé, Segré, Vihiers.
M. — Châteaugontier, 19.

— Avant le 15 juillet. — *M.* — Ernée, 21 ; Laval, 21.

— **Orge et avoine.** — Avant le 20 juin.

M. L. — Segré.
M. — Châteaugontier, 19; Gorron, Laval, 21 ; Mayenne, 22.

— **Sarrazin.** — Avant le 15 juillet.

M. L. — Segré, 21.
M. — Châteaugontier, Laval, 21.

— **Seigles.** — Du 15 mars au 15 mai.

M. L. — Segré, 21.
M. — Châteaugontier, 19; Laval, 21.

— Du 1er avril au 15 mai. — *M.* — Gorron, Mayenne.

— **Obligation** du sarclage. — Toutes les récoltes doivent être sarclées convenablement ; les racines nuisibles (chiendents, chardons, parelles et autres plantes) doivent être soigneusement détruites avant d'avoir fructifié.

Si le fermier sortant n'a pas exécuté ces sarclages dans le temps d'usage, ils peuvent être faits à ses frais par l'entrant.

M. L. et *M.* — Tous les cantons (1).

---

(1) Dans quelques cantons, non seulement cette règle n'est pas formulée, mais il y a même, à *tort*, un usage contraire qu'il serait fâcheux de voir se continuer, au grand dommage de l'agriculture. Nous ne croyons pas, dans cette pensée, nommer les localités où le sarclage n'est pas obligatoire, même la dernière année. C'est la seule fois que, volontairement, nous faisons une omission.

— Si, par négligence, le fermier sortant avait laissé pousser de mauvaises herbes, il serait tenu de dommages-intérêts envers son successeur.

M. L. — Beaufort.

— Dans le cas où il aurait négligé le sarclage, non-seulement l'indemnité qui lui serait due, aux termes de l'état des lieux, ne lui serait pas accordée, mais il serait passible du tiers en sus à sa sortie.

M. L. — Seiches, ch. 2, art. 6.

— **Produits du sarclage.** — Ils peuvent être consommés en totalité par le fermier sortant.

M. L. — Durtal, 120.

SARRAZIN ou BLÉ NOIR. — Ensemencé. — Etendue.

— Un sixième des terres arables (ou pommes de terre, lin, chanvre).

M. — Couptrain, 19 (1) ; Gorron, Horps.

— Un sixième ou un cinquième... Id...

M. — Lassay, Pré-en-Pail.

— Un quart... Id...

M. — Ernée 11 ; Landivy, 12 ; Villaines, 8.

— Un sixième au moins, un tiers au plus *de la sole des blés d'hiver*, s'il est d'usage de semer du sarrazin.

M. L. — Segré, 17 ; Vihiers.
M. — Châteaugontier, 14 ; Laval, 18.

— Le tiers ou la moitié au plus de *l'ensemencé des blés d'hiver.*

M. — Mayenne, 15.

---

(1) La dernière année, cet ensemencé est fait par l'entrant.

— La moitié ou les deux tiers... Id...
M. — Ambrières, 16.

— **Époque**. — Du 15 mai au 15 juin.
M. — Mayenne, 15.

— Du 15 mai au 21 juillet. — *M*. — Horps.

— Du 25 mai au 13 juin. — *M*. — Ambrières, 16.

— Du 22 mai au 13 juin. — *M*. — Ernée, 12.

— Du 1er au 24 juin. — *M*. — Bais, 8 ; Villaines.

— Du 1er au 30 juin. — *M*. — Couptrain, Horps, Pré-en-Pail.

— **Fumure**. — On emploie par hectare :

— 5 hectolitres de noir animal, ou 20 hectolitres de charrée, ou 10 hectolitres de poudrette.
M. — Mayenne, 19.

— 20 hectolitres de charrée ou l'équivalent en autres engrais étrangers à la ferme.
M. — Châteaugontier, 14 ; Couptrain (1), Laval, 18.

— 6 hectolitres de noir, ou 24 hectolitres de charrée, ou 12 de poudrette, ou 125 kilos de guano du Pérou.
M. — Gorron.

— De la charrée (pour le sarrazin dit de fourneau), et 40 m. cubes d'engrais pulvérulent pour le sarrazin dit de guéret.
M. — Landivy, 10.

— Quantité indéterminée. — *M*. — Villaines, 12.

---

(1) La fumure n'est pas obligatoire, mais le fermier peut être condamné à des dommages-intérêts si, faute d'engrais, la paille est trop courte.

— (*Arrière-récolte.*) – Mêmes usages que pour l'engrais des pommes de terre. — *V.* ce mot.

M. L. — Chemillé, 48 ; Ponts-de-Cé, 26 ; Segré, 61.

— **Paille** (1). — (**Dernière année.**) — Elle est réservée au fermier **entrant**.

M. L. — Angers N.-O., St-Georges, 44 ; Louroux, 48 ; Ponts-de-Cé, Thouarcé, r. g.

— Elle peut être consommée par le sortant.

M. L. -- Chemillé, 43 ; Segré, 50.
M. — Châteaugontier, 46.

— Elle se partage : un tiers au sortant, deux tiers à l'entrant.

M. L. — Angers N.-E., S.-E., Thouarcé, r. d.

— **Semences.** — **Quotité.** — Un demi-hectolitre par hectare.

M. L. — Segré, 13.
M. — Châteaugontier, 15 ; Horps, 17 ; Laval, 19 ; Mayenne, 17 ; Villaines, 10.

— 85 litres par hectare. — *M.* — Couptrain, 22.

— Un hectolitre. — *M.* — Gorron, 19 ; Pré-en-Pail, 11.

— **Vente** au double décalitre, sans fourni et rasé.

M. L. — Cholet.

SAULES isolés ou épars. — **Émondage.** — Ces saules, ainsi que ceux qui forment des lices ou clôtures, se coupent à quatre ans, par quart annuel.

M. — Châteaugontier, 30 ; Laval, 32.

---

(1) Les chaumes sont coupés ras.
M. L. et *M.* — Tous les cantons.

— Les saules, plantés dans les îles et le long de la Loire, sont émondés à trois ans.

M. L. — Saumur N.-O.

V. **Elagage,** p. 112.

SAUVAGEONS. — *V.* **Emondage** (réserves, p. 193), **greffes, pépinières et plantations.**

SEIGLE.—Chaume (*dernière année*).—**Hauteur.**

— 0^m 54. — *M.* Bais.

— 0^m 45.

M. L. — Angers S.-E., 56 ; Champtoceaux, Montrevault, 20 ; Segré, 45 (1) ; Vihiers.

— 0^m 35 (hauteur d'une bouteille).

M. L. — Châteauneuf (2), St-Georges, 43 ; Louroux, 47.

— **Ensemencé.—Epoque et étendue.** — *V.* **Fioment,** mêmes usages.

SEMAILLES. — *V.* **Ensemencés** pour l'*étendue,* et les diverses récoltes pour l'*époque.*

— *Semailles* **en retour** (ensemencés de la même plante deux années de suite dans le même champ). Elles sont défendues.

M. L. — Beaufort, Durtal, 5.

SEMENCES. — Fourniture (des) (col. part.). — Elle se fait par moitié entre le propriétaire et le colon.

M. L. et *M.* — Tous les cantons.

---

(1) Si le propriétaire (ou le fermier successeur) exige une hauteur plus considérable, le sortant pourra en couper et en consommer un sixième.

(2) A défaut d'une hauteur indiquée par l'entrant.

—**(Pour la dernière récolte).** — Elle se fait par le fermier *entrant* et par le *sortant* dans la proportion de leurs droits à la récolte. Par exemple, si l'entrant n'a droit qu'à un tiers de cette récolte, il fournit seulement un tiers des semences, et réciproquement.

M. L. — Durtal, 130 (1) ; Segré, 51, 52.
M. — Châteaugontier, 47 ; Laval, 47.

— Ils en fournissent chacun la moitié.

M. L. — St-Georges, 38 ; Louroux, 41.

— Le sortant fournit seul les semences, mais il les prélève avant tout partage.

M. L. — Angers N.-O., Gennes, Montreuil-Bellay, Ponts-de-Cé, 26.

— **Quotité** (des) par hectare (2).

— **Avoine** ou **orge**, de deux hectolitres à deux hectolitres et demi.

M. L. — Angers S.-E., 54 ; Briollay, Chalonnes, 15 ; Segré, 18.
M. — Ambrières, Châteaugontier, 15 ; Mayenne.

— Deux hectolitres et demi. — *M. L.* — Vihiers.

— Deux hectolitres. — *M.* — Laval, 19.

— Un hectolitre soixante litres. — *M. L.* — Durtal.

V. **Avoine,** p. 15.

— **Froment** ou **seigle**, de deux hectolitres à deux hectolitres et demi.

M. L. — Angers S.-E., 54 ; Briollay, Chalonnes, 15 ; Segré, 18.
M. — Ambrières, Bais, 10 ; Châteaugontier, 15 ; Gorron, Mayenne.

---

(1) La quantité qui est fournie par l'entrant doit être amenée par lui sur le lieu, avant le 1er octobre.

(2) La mesure des pièces de terre comprend les haies et les fossés qui en dépendent.

— Deux hectolitres et demi. — *M. L.* — Vihiers.

— Deux hectolitres cinquante litres.
M. — Couptrain.

— Deux hectolitres vingt-cinq litres.
M. — Ernée, 13.

— Deux hectolitres.
M. L. — Angers N.E. (on tolère un hectolitre quatre-vingts litres) (1), Chalonnes, St-Georges, 32; Louroux, 32.
M. — Laval, 19 (2).

— **Orge** ou **avoine**. — *V. Même article.*

— **Seigle** ou méteil ou **froment**. — *V. même article.*

— **Sarrazin**. — Un demi-hectolitre.
M. L. — Segré, 18; Vihiers.
M. — Bais, 10 ; Châteaugontier, 15; Laval, 19.

— Soixante-cinq litres. — *M.* — Ernée, 13.

V. **Sarrazin**.

SÉPARATION des héritages *et bornage*. — Art. 646 du Code civil.

« Tout propriétaire peut obliger son voisin au bornage de leurs propriétés contiguës. Le bornage se fait à frais communs.

V. **Bornage**.

SERRURES. — Réparations (des). — A la charge du fermier.
M. L. — Noyant.
M. — Châteaugontier, 3; Laval, 3.

V. **Croisées, réparations locatives**.

---

(1) Du 15 octobre au 1er décembre.
(2) Pour froment, seigle, orge et avoine.

SILLONS. — Ils doivent avoir un mètre et demi de largeur.

M. — Noyant, Seiches.

V. **Labours**.

SONS. — **Consommation**. — Sur place ; le fermier ne peut ni les vendre ni les enlever.

M. L. — Chalonnes, 11 ; St-Georges, 34 ; Louroux, 35 ; Ponts-de-Cé, 5 ; Segré, 10.

— **Mesurage**. — Comble sans être foulé ; deux doubles décalitres ne comptent que pour un boisseau, de sorte que la fourniture se compose en fait de quarante-deux doubles.

M. L. — Cholet, 10.

— **Vente**. — Elle se fait au double décalitre ou à la fourniture (21 pour 20).

M. L. — Cholet.

SORGHO ou *millet à balai*. — Il est interdit d'en cultiver pendant la dernière année de jouissance.

M. L. — Commune de Villevêque (canton d'Angers N.E).

SOUCHES de chêne. — **Abattage**.

— A sept ans, si le bail est de sept ans, et à neuf ans, s'il est de neuf.

M. L. — Cholet.

V. **Bois**.

— **De vignes**. — Le fermier doit remplacer les souches mortes.

M. L. — Ponts-de-Cé, 40.

V. **Vignes**.

SOUPE. — *V*. **Trempage**.

SOUS-LOCATAIRE. -- Il ne peut payer par anticipation au locataire qu'avec l'agrément du propriétaire.

M. L. — Cholet.

V. La **loi** au mot *bail* (article 1717, p. 16 et 1752, p. 22.

T

TACITE RÉCONDUCTION. — On nomme ainsi le nouveau bail qui se forme dans les mêmes conditions, de plein droit et *tacitement*, c'est-à-dire sans conventions nouvelles, à l'expiration du bail antérieur, quand le fermier (ou locataire) reste et est laissé en paisible possession.

V. Les art. 1738 et 1749 (p. 20), 1759 (p. 24), 1776 (p. 27), du Code civil.

— Celle des parties qui veut faire cesser la jouissance à l'expiration du terme en usage (*V.* **Bail**, *durée*), doit en donner avis à l'autre dans les délais accoutumés (*V.* **Congé**, *date*); faute de quoi, la *tacite réconduction* s'opère pour un laps de temps qui varie suivant les exploitations et les cantons, mais qui égale la durée du *bail verbal* qu'elle renouvelle.

— Il faut donc se reporter à cette *durée*, p. 32.

TAILLANDIER. — *V.* **Maréchal**.

TAILLIS (bois). — A défaut de conventions écrites, le bail est censé fait pour la durée de la coupe.

M. L. — Gennes.

— **Baliveaux** et réserves. — *V.* **Baliveaux**.

—Coupe. — **Age**.—S'il y a un aménagement établi sur le lieu, le fermier doit le suivre ; sinon, il observe l'usage, sous peine de dommages-intérêts pour avance ou retard.

M. L. et *M.* — Tous les cantons.

— *Aucune distinction d'essences ou de nature d'exploitation.*

— La coupe se fait à six ans.

M. — Bais, 63 ; Ernée, 66; Horps, Lassay, 37; Mayenne, 81; Pré-en-Pail, Villaines.

— A cinq ans. — *M.* — Ambrières.

— A neuf ans. — *M.* — Couptrain.

— *Chéne et autres bois durs.* — A neuf ans.

M. L. — Angers N.O., S.-E., 84 ; Beaufort, Briollay, Champtoceaux, 37 ; Chemillé, 89 ; Doué, Durtal, 167 (1) ; St-Georges, 68 ; Louroux, 81 ; Montrevault, Noyant, Seiches, Segré, 94 ; Vihiers, 78 (2).

M. — Châteaugontier, 82 ; Couptrain, Gorron, Laval, 96.

— A sept ans. — *M. L.* — St-Florent, Montfaucon.

— *Châtaigniers ou brosses* (3). — A six ans.

M. L. et *M.* — Les précédents cantons.

— A six ou sept ans.

M. L. — Champtoceaux, 37 ; Montrevault, Thouarcé.

— *Distinction* dans les exploitations.

— Si le taillis est compris dans un bail à ferme, la coupe se fait tous les neuf ans.

M. L. — Angers N.-E.

---

(1) Pour les taillis affermés isolément.
(2) Le chêne peut même n'être coupé qu'à dix-huit ans.
(3) On observe, pour la distinction, l'essence prédominante (Tous les cantons).

— Comme les autres bois taillables.

M. L. — Durtal, 168.

— A neuf ans s'il est donné à ferme, et à douze ou quinze ans s'il est exploité par le propriétaire.

M. L. — Gennes, 2.

— A six ans, s'il a plus d'un hectare.

M. — Pré-en-Pail, 22.

— A neuf ans si le bail est de neuf ans, et à sept ans s'il est de sept ans.

M. L. — Cholet.

— **Epoque** — Du 1er novembre au 1er mars pour le chêne et pour les brosses, après la chute des feuilles.

M. L. — Beaufort.

— Après l'arrêt complet de la sève.

M. L. — Angers S.-E., 92.

— Avant le 10 mai pour les chênes et avant le 12 juin pour les brosses.

M. L. — Beaufort, Noyant, Seiches.

— Avant le 1er avril. — *M. L.* — Angers N.-E.

— **Mode** de coupe. — A tire et à aire, c'est-à-dire à fleur de terre. Tous les bois sont coupés à la cognée et les souches et estocs ravalés au moment de l'abat, le plus près possible de terre, de manière que les anciens nœuds disparaissent, sans cependant ne rien écuisser, autrement ne rien fendre ni éclater en abattant.

M. L. — Angers S.-E., 92.

— **Glands**, feuilles, faines, etc. — *V.* **Faines**.

— **Mort** (bois), bruyères, bois des haies qui entourent ces taillis.

— On les coupe en même temps que les taillis (1).

M. L. — Angers N.-O., Briollay, Doué, Durtal, 170; St-Florent, 49; St-Georges, 70; Louroux, 83; Segré, 98; Vihiers, 82.

M. — Tous les cantons.

— Même usage pour le bois mort et le bois des haies, mais les bruyères peuvent être enlevées avant le bois.

M. — Angers S.-E., 88.

— **Pacage** dans les taillis. — Il est en principe strictement interdit.

M. L. et *M.* — Tous les cantons.

— Cependant on le tolère dans]les bois de cinq ans.

M. L. — Seiches.

— Lorsque le fermier est expressément autorisé à pratiquer le pacage, il doit attendre que les bois aient quatre ans et un mois.

M. L. — Doué, Gennes.

— **Plantation** des taillis. — A 2 mètres de la ligne de séparation.

M. L. — Gennes.

— **Sèves.** — Le fermier d'un taillis profite des sèves qu'il n'a pu cueillir, à raison de la durée de sa jouissance.

M. L. — Angers S -E , 86 et 91; Briollay, Chemillé, 91; St-Georges, 68; Louroux, 81.

M. — Châteaugontier, 82; Lassay, 37; Laval, 98.

— Le fermier ne peut réclamer d'indemnité pour

---

(1) La réparation des haies et des fossés s'effectue, à la charge du fermier, à la même époque, les rigoles servant à l'écoulement des eaux doivent toujours être bien entretenues.

M. L et *M.* — Tous les cantons.

les sèves que leur âge ne lui a pas permis de prendre.

M. L. — Angers N.-E., N.O., Segré, 96 ; Vihiers, 80.
M. — Horps, 67.

— En ferme, cette indemnité ne lui est pas due ; dans les taillis affermés isolément, il peut la réclamer.

M. — Ambrières, 64 et 65; Gorron, 99 et 100 ; Mayenne, 82; Villaines, 61.

— **Vidange ou enlèvement des coupes.** — Cette opération doit être faite :

— *Aucune distinction.*

— Avant le 1er avril.

M. L. — Champtoceaux, Montrevault.

— Avant le 1er mai. — *M. L.* — Louroux, 85.

— Avant le 15 mai. — *M. L.* — Beaufort.

— *Chênes et autres bois durs.*

— Avant le 1er mai. — *M. L.* — Baugé.

— Avant le 15 mars. — *M. L.* — Angers N.-O.

— Avant le 15 mai.

M. L. — Chemillé, 94 ; Segré, 99 ; Vihiers, 83.

— Avant le 30 mai. — *M. L.* — Seiches.

— *Brosses ou châtaignes.* — Avant le 1er avril.

M. L. — Angers N.-O., Chemillé, 94 ; Segré, 99 ; Vihiers, 83.

— Avant le 1er juin. — *M. L.* — Baugé.

— Avant le 30 juin. — *M. L.* — Seiches.

TALUS séparatifs. — Quand deux héritages sont séparés par un talus sans fossé, il faut laisser entre le pied de ce talus et l'héritage voisin 0m 25.

M. L. — Durtal, 55.

TAPISSERIES *des maisons.* — Si le locataire a reçu la maison tapissée, il doit la rendre dans le même état.

M. L. et *M.* — Tous les cantons.

— S'il l'a fait tapisser, il peut enlever la tapisserie à la fin du bail, en laissant les murs dans leur premier état.

M. L. — Cholet.

V. la note de la p. 181.

TARARE ou moulin à vent. — *V.*, p. 155, *le nettoyage des grains.*

TAUPINIÈRES. — Elles doivent être étendues deux fois par an.

M. L. et *M.* — Tous les cantons.

TAUPES. — Elles sont détruites le plus possible aux frais du fermier.

M. L. et *M.* — Tous les cantons (1).

TAUPIER. — Destruction (col. part.). — Son salaire est payé, moitié par le propriétaire et moitié par le colon.

M. L. — Angers N.-E., Briollay, Chemillé, 83 ; Doué, Louroux, 73 ; Saumur N.-E., N.-O., Sud, Segré, 80.
M. — Châteaugontier, 70 ; Laval, 84 ; Mayenne (arr^t, sauf les deux cantons ci-après).

— Par le colon seul. — *M.* — Bais, 52 ; Villaines, 48.

V. **Accens.**

TAUREAU. — Castration. — *V. Ce mot,* p. 48.

---

(1) Cependant, dans quelques rares cantons, comme celui de Pré-en-Pail, cette destruction n'est pas obligatoire, mais les rédacteurs des procès-verbaux qui les concernent ont déploré cette tolérance.

TERREAU. — Le fermier, réduit à s'en servir, ne peut en prendre que dans les deux sillons longeant les haies. *V.* **Ecobuage.**

M. — Mayenne.

— Le sortant ne peut prendre de terreau pour éteindre sa chaux que dans les champs destinés à sa récolte. *V.* **Chaux.**

M. L. — Segré, 51, 52.

— Le jardinier peut enlever le terreau amassé dans le jardin loué.

M. L. — Angers S.-E., 127.

TERRES ARABLES *converties en prairies.* — Elles ne peuvent être remises en culture qu'avec l'agrément du propriétaire.

M. L. — Angers N.-O., S·E., Champtoceaux, Chalonnes, 20 ; Chemillé, Durtal, 150 ; St-Georges, 23 ; Louroux, 20 ; Segré, 27 ; Vihiers, 25.

M. — Châteaugontier, 25 ; Laval, 27 ; Mayenne (arr¹).

V. **Conversion.**

TERRES VOLANTES *ou détachées.* — On nomme ainsi celles qui n'appartiennent pas à un corps de ferme et qui se louent sans habitation.

— **Bail** et **congé.** — *V. Ces mots* (1).

______

(1) Comme l'arrondissement de Mayenne n'y a pas été porté, nous réparons ici cette omission involontaire.

— *Durée du bail.* — Un an. — Mayenne (arr¹).

— *Dates.* — Du 21 avril pour terres arables et du 2 février pour prés.

M. — Horps.

— Du 23 avril au 23 octobre.

M. — Ambrières, Gorron.

— *Congé.* — Inutile, le bail cessant de plein droit à la fin de l'année.

M. — Couptrain, 86 ; Pré-en-Pail, 26.

— **Culture**. — Le fermier les cultive comme bon lui semble, sans cependant changer leur nature.

M. L. et *M.* — Tous les cantons.

— **Droits de suite** ou *arrière-levée*. — Elles n'y sont point sujettes, et elles doivent être libres et sans ensemencé au moment de la sortie du fermier.

M. L. et *M.* — Tous les cantons (1).

— **Épines et bois**. — Le fermier les coupe aux mêmes époques que celles indiquées pour les corps de ferme.

M. L. et *M.* — Tous les cantons.

— **Foins, pailles** *et autres produits* récoltés sur les terres volantes. Le fermier en dispose comme bon lui semble, même dans la dernière année de jouissance.

M. L. et *M.* — Tous les cantons.

— **Fumure** — Elles doivent être fumées dans la même proportion que les terres d'un corps de ferme.

M. L. et *M.* — Tous les cantons.

— Après deux récoltes. — *M. L.* — Baugé, Beaufort.

— **Haies et fossés**. — Le fermier doit la réparation des haies et fossés qui accompagne toujours la coupe du bois et des épines.

— **Impôts**. — Le fermier sortant ne doit que le tiers de ceux de la dernière année.

M. — Landivy, 49 (1) ; Lassay.

— Il se donne six mois avant la fin de l'année du bail. *M.* — Ambrières, 55 ; Gorron, 90 ; Mayenne, 76 ; Villaines, 51.
— Trois mois. — *M.* — Horps.
— Six mois pour un prix de plus de 100 fr., et trois mois pour un prix moindre. — *M.* — Landivy, Lassay, 30.

(1) Si avant la signification du congé, l'ensemencé est fait, la récolte sera faite, sauf à payer au propriétaire une indemnité. Si, au contraire, à cette date, le fermier n'a fait que les travaux préparatoires à

— **Sèves.**—Il profite des sèves qu'il a nourries, sans être soumis au rapport pour les coupes faites à l'âge accoutumé.

M. L. — Durtal, 184 ; Ponts-de-Cé, 36.

TOITURES. — *Menues réparations.*

— Couvertures *en paille, chaume, roseaux ou genêts.*

— Elles sont à la charge du fermier qui doit fournir la main-d'œuvre et les matières.

M. L. et *M.* — Tous les cantons (1).

V. **Loges.**

— Couvertures en *ardoises* ou en *tuiles.*

— Le fermier ou locataire doit la main-d'œuvre et les matériaux (ardoises et clous ou tuiles et chaux), à l'exclusion de la latte et de la volige.

M. L. — Angers N.-E. (2), N.-O. (3), Beaufort (3), Beaupréau (4), Champtoceaux, 53 ; Chalonnes, 6 ; Chemillé, Durtal, 96 ; St-Florent, 53 ; St-Georges (2), Montreuil-Bellay (2), Montrevault, Ponts-de-Cé, 3 (2) ; Saumur (2) N.-E., N.-O., Seiches, Segré, 5 ; Thouarcé.

---

l'ensemencé, il cessera sa jouissance, et une indemnité lui sera due pour n'avoir pas profité de ces travaux. — *M.* — Mayenne, 78.

—Le fermier doit les rendre dans l'état où il les a reçues, ensemencées ou non. — *M* — Landivy, 47.

(1) S'il s'agit de la réfection entière de la toiture, la paille est fournie par le propriétaire. — *M.* — Mayenne (arr^t).

Cette régle ne s'applique qu'aux couvertures « autres que celles des maisons et étables. » — *M.* — Châteaugontier, 3.

(2) Pourvu que la partie découverte n'excède pas 33 centimètres, sauf le cas de malice ou négligence.

(3) A moins que la partie découverte n'ait un mètre carré et plus, calculé sur tous les endroits endommagés.

(4) Sauf les communes du May et la Jubeaudière, où il ne doit que la main-d'œuvre.

— Le fermier ou locataire doit la main-d'œuvre et le propriétaire fournit sur place les matériaux.

M. L. — Cholet, 12 ; Doué, Gennes, Vihiers.

— **Prescriptions particulières.**

— Les couvertures en tuiles doivent être faites avec du sable bien épuré et de bonne chaux ; il ne peut être mis que trois bouts de tuiles par chaque rang ; ce travail doit être fait en saison convenable, le mois d'octobre est indiqué comme le meilleur.

M. L. — Beaufort.

— Pour les couvertures en tuiles creuses, le fermier doit l'enduit à chaux et à sable.

M. L. — Seiches.

— Les toitures doivent être complétement réparées tous les sept ans, à raison de un septième chaque année. Le locataire paie la main-d'œuvre, et les matériaux sont fournis sur place par le propriétaire.

M. L. — Cholet, 12.

— Le locataire doit les faire relever en entier ; il fournit la main-d'œuvre, avec la chaux et le sable.

M. L. — Beaupréau, excepté Le May et la Jubeaudière.

TOITS A PORCS. — L'entretien du nivellement du pavage est à la charge du fermier.

M. L. et *M.* — Tous les cantons.

— Le fermier doit recrépir les murs jusqu'à hauteur de un mètre.

M. L. — Baugé.

TOUR D'ÉCHELLE. — « Droit existant, au profit d'un bâtiment, sur un terrain contigu, et en vertu duquel on peut appuyer une échelle pour faire, soit au bâtiment, soit à la toiture, toutes les réparations nécessaires, à la charge par le propriétaire qui exerce ce droit, de faire enlever, après les travaux faits, les matériaux et décombres qui se trouvent sur le terrain. »

M. L. — St-Florent, 55.

— Ce droit est admissible, à défaut de titres, si la personne qui le réclame possède des vues ou l'égoût de son toit sur le terrain grevé de la servitude.

M. L. — St-Florent, 56.

— **L'étendue** du tour d'échelle est d'un mètre.

M. L. — Louroux, 91.
M. — Landivy, 74.

— Elle est proportionnée à la hauteur des bâtiments, sans pouvoir être moindre d'un mètre de largeur et de quatre mètres d'élévation.

M. L. — Durtal, 58.

TOUR DE CHAT. — C'est un espace vide laissé par prudence entre un four et le mur voisin. *V.* **Four.**

TOURTEAUX (col. part.). — Achetés pour l'engraissement des animaux, ils sont payés par moitié.

M. L. — Baugé.

TRAVAUX préparatoires.

— **L'entrant** peut venir surveiller l'irrigation des prés, remuer les terreaux, y mêler de la chaux, — après la coupe. Cependant, il n'étend pas les engrais avant son entrée.

M. — Mayenne (arr[t]).

V. Les articles spéciaux.

TRÈFLE. — Plante fourragère dont l'ensemencé forme des prés artificiels.

— Elle est considérée, la première année, comme menu, et la seconde, comme jachère.

M. l. — Beaufort.

— Elle est regardée comme fourrage sec et appartient pour deux tiers à l'entrant.

M. L. — Thouarcé (r. d).

— **Ensemencé de l'entrant.** — Dans l'ensemencement qui précède son entrée, il peut semer, du 15 février au 15 mars, des trèfles et des graminées dans un dixième des terres arables, et il en fait la récolte à son profit, moyennant une indemnité de 10 centimes par are.

M. L. — Chemillé, 46 (1) ; Louroux, 44.

— L'entrant est autorisé à en semer, après le 20 mars, dans le quart des terres cultivées en froment.

M. L. — Briollay.
M. — Châteaugontier, 45.

— *Id...* Mais il ne peut y exécuter de hersages qu'avec l'agrément du sortant.

M. L. — Segré, 47, 48.

— Il peut après le 1er mars en jeter dans les grands blés du sortant à qui il doit une indemnité.

M. L. — Thouarcé, 22.

— Il peut en semer dans les blés du sortant, pourvu qu'il n'en résulte aucun préjudice.

M. L. — Angers N.-O.

---

(1) Après la sortie de son prédécesseur, il peut encore en semer dans le dixième des terres labourables, en lui payant dix centimes par are.

— *Id*... Sur une partie des derniers ensemencements du sortant avec son autorisation.

M. L. — Vihiers, 43.

— *Id*... Dans l'avant-dernier grain ensemencé, après le 1er mars, jusqu'à concurrence du vingtième des terres arables.

M. L. — Louroux, 44.

Id... Dans les céréales d'hiver ou de printemps.

M. — Gorron, 62.

Id... Dans les céréales de printemps seulement.

M. — Laval, 46.

— Il a le droit de semer des trèfles ou autres graines de prés artificiels dans les grains de printemps du sortant.

M. — Mayenne.

— Il ne peut en semer dans les grains du sortant.

M. — Lassay, 26.

— *Id*... Dans l'orge ou l'avoine du sortant, même en offrant une indemnité.

M. — Couptrain, 70 ; Landivy, 29 ; Pré-en-Pail, 23 ; Villaines, 20.

— Il ne peut en semer, ainsi que des graminées, sans le consentement du sortant, s'il s'agit de grandes cultures.

M. L. — Ponts-de-Cé, 26 ; Montfaucon.

— Il peut en semer, du 15 février au 15 mars, dans le tiers des champs cultivés en froment, qu'il choisit parmi ceux dont la récolte sé partage (arrière-récolte) ; il peut le faire aussi dans ceux de la dernière récolte, mais à partir seulement du 1er mars.

M. L. — Durtal, 139, 140.

— ... Dans les terres en friche (pendant l'été), jusqu'à concurrence du quart de l'étendue de l'exploitation (vignes, prés et bois non compris.)

M. L. — Angers S.-E., 24.

— **Paille du trèfle gardé à graine.**

— Le sortant doit la laisser intacte.

M. L. — Angers N.-O., St-Georges, 44 ; Louroux, 48 ; Ponts-de-Cé, Thouarcé (r. g.)

— Il peut la faire consommer.

M. L. — Briollay, Chemillé, Segré, 50.
M. — Châteaugontier, 46 ; Laval, 52.

— Elle se partage : un tiers au sortant et deux tiers à l'entrant.

M. L. — Angers N.-E., S.-E., Thouarcé (r. d.)

— **Pâturage.** — Le **sortant** ne peut faire pâturer les trèfles semés par l'entrant « que par **les jeunesses.** »

M. L. — Briollay.

— ... Il ne peut les faire pâturer qu'après le 1ᵉʳ janvier.

M. — Gorron.

Il ne peut les faire pâturer sous aucun prétexte.
M. — Mayenne, 41.

— Il peut les faire paître jusqu'au 21 avril.
M. — Lassay, 25.

— **Semence** par hectare : 15 kilos.
M. — Ernée, 61.

V. **Foins** et **coupages.**

TRÈFLE INCARNAT (sortant.) — Le sortant ne peut en semer dans les choux qui doivent être mis en froment ou en seigle à la Toussaint suivante.

M. L. — Thouarcé, 7.

— Le trèfle laissé par le sortant à l'entrant lui donne droit à une indemnité arbitrée par experts; mais les trèfles de plus d'un an sont considérés comme simples pâtures.

M. L. — Champtoceaux, Montrevault, 18.

— L'entrant peut en semer sur les avoines et les orges, mais seulement après l'enlèvement des récoltes.

M. L. — Durtal, 138.

TREMPAGE de soupe. — Le fermier doit tremper la soupe aux ouvriers de tous états employés aux réparations d'entretien ou reconstructions , sans autre indemnité que les copeaux de bois travaillés sur la ferme pour ces réparations.

M.—Ambrières, 7; Ernée, 6; Gorron, 7; Laval, 7; Mayenne, 6.

— La soupe, pour les constructions nouvelles, est aussi trempée par le fermier; mais il lui est due une indemnité.

M. — Laval, 7.

— Le trempage n'est pas dû par le fermier.

M. — Horps, 7.

— Tous les déchets de bois employés aux réparations (y compris les copeaux et bois de chauffage), sont acquis au fermier qui abandonne ordinairement les copeaux aux ouvriers, dont cela paie le trempage.

M. L. — Angers N.-E., 12; Chalonnes, 9.

TRUISSES ou têtards. — *V.* Emondage.

U

USINE. — Nom donné aux moulins dans certains cantons.

V. Moulins.

USUFRUITIER. — On nomme ainsi la personne qui a le droit de jouir des biens immeubles ou meubles, dont un autre a la propriété, comme le propriétaire lui-même, mais à la charge d'en conserver la substance. — Art. 578 à 625 du Code civil (1).

— **Charge** (de l'). — Il paie les frais de garde des bois, et les impôts de toute nature.

M. L — Doué, Gennes, Montreuil-Bellay.

---

(1) Nous résumons ainsi les dispositions les plus usuelles du Code : — *Droits :* L'usufruitier a le droit de jouir de tous les produits du sol, du croît des bestiaux, du loyer des maisons, du prix des fermes, des arrérages des rentes. Il émonde, comme le fermier, les arbres taillables, il coupe les taillis, suivant les mêmes usages ; il jouit des fruitiers arrachés ou brisés à la charge de les remplacer ; il peut prendre dans les bois des échalas pour ses vignes ; il a le droit d'abattre des arbres de haute futaie, à défaut d'arbres brisés ou arrachés, pour faire les réparations dont il est tenu, après avoir fait constater ce besoin par le propriétaire. Les produits *civils* sont réputés s'acquérir jour par jour. Enfin il peut affermer et vendre son droit de jouissance

— *Charges :* L'usufruitier n'est tenu qu'aux réparations d'entretien. Il n'est tenu des grosses (murs, poutres, voûtes, couvertures entières) que si elles sont nécessitées par sa négligence. Il n'est pas plus obligé que le propriétaire de rebâtir ce qui est tombé par vétusté ou force majeure. Il doit toutes les charges annuelles de l'héritage, qui sont censées charges des fruits. Il doit avertir aussi comme les fermiers, le propriétaire, des *anticipations* qui sont commises. — *V. ce mot.*

— **Droit** (de l'). — Il abat les **taillis** non aménagés et non affermés à 7 ans; il coupe, à son profit, les **émondes** de chêne à 7 ans, des autres arbres à 5 ans ; il peut prendre, mais par exception sur les futaies non mises en coupes réglées, les arbres nécessaires aux reparations et le bois mort ; il n'a aucun droit sur les arbres épars. Il répare les haies et les fossés tous les cinq ans.

M. L. — Cholet.

V

VEAUX (col. part.). — **Sevrage (Epoque du).** — A 4 mois.

M. L. — Angers N.-O., Briollay, Chemillé, 80 ; Loureux, 67 ; Segré, 76 ; Vihiers, 60.

M. — Châteaugontier, 66 ; Laval, 79.

— A 3 mois. — *M. L.* Angers N.-E.

M. — Mayenne, Villaines.

— Pas avant 2 mois. — *M.* — Bais, 45 ; Ernée, 48 ; Gorron (1).

VENDANGES (2) (Ban de). — Indication faite par l'autorité municipale de l'époque à laquelle chaque propriétaire peut commencer la récolte de ses fruits.

L'art. 475, § 1er du Code pénal, prononce une amende de six à dix francs contre ceux qui auront contrevenu aux bans de vendange.

---

(1) Ils boivent jusqu'à 4 mois, au baquet, du lait écrémé.
(2) Il y avait autrefois également des bans de moisson, de fauchaison ou fenaison. Ils n'existent plus aujourd'hui.

— Le ban de vendange n'est applicable qu'aux vignes non closes ou aux clos communs.

— Cette coutume est d'ailleurs tombée en désuétude : elle n'est plus guère observée que dans quelques communes.

VESCEAU et **JAROSSE**. — Ensemencé. — Le sortant peut en semer dans le tiers des terres destinées aux grands blés de Toussaint, à condition : 1° de laisser sur place les fourrages secs ; 2° de bien exécuter les labours et façons ; 3° de ne pas excéder la quantité de terre habituellement ensemencée ; 4° de partager la récolte avec l'entrant, semence prélevée.

M. L. — Thouarcé.

— Il est permis au sortant d'en semer sur les choux de deux ans, mais il coupe et consomme la récolte à l'état de *vert*.

M. L. — Baugé.

— Mêmes usages que pour le trèfle.

M. L. — Angers S.-E., 24.

VÉTÉRINAIRES et Médicaments (col. part). — Ils sont payés moitié par le propriétaire et moitié par le colon.

M. L. et *M.* — Tous les cantons.

— Le choix du vétérinaire appartient au propriétaire.

M. L. et *M.* — Tous les cantons.

V. Accens.

VICES RÉDHIBITOIRES des animaux.

— Infirmités ou vices cachés (1) des animaux

____

(1) Existant au moment de la vente.

15.

vendus, qui les rendent impropres à l'usage auquel on les destine et qui en diminuent la valeur au point que l'acheteur ne les aurait pas acquis ou n'en aurait donné qu'un prix moindre s'il les avait connus.

La loi du 20 mai 1838 est venue, à cet égard, supprimer tous les usages locaux et les a remplacés par un texte limitatif.

— L'art. 1er de cette loi porte qu'on répute vices rédhibitoires, et qui donneront *seuls* ouverture à l'action résultant de l'art. 1641 du Code civil, dans les ventes ou échanges des animaux domestiques ci-dessous dénommés, sans distinction des localités dans lesquelles les ventes ou échanges auront lieu, les maladies ou défauts ci-après, savoir :

— 1° Pour le *cheval*, l'*âne* et le *mulet*, la fluxion périodique des yeux, l'épilepsie ou le mal caduc, la morve, le farcin, les maladies anciennes de poitrine ou vieilles courbatures, l'immobilité, la pousse, le cornage chronique, le tic sans usure des dents, les hernies inguinales intermittentes, la boiterie inter-mittente pour cause de vieux mal.

— 2° Pour l'*espèce bovine*, la phthisie pulmonaire ou pommelière, l'épilepsie ou mal caduc, les suites de la non-délivrance, le renversement du vagin ou de l'utérus, après le part chez le vendeur.

(Il a été bien entendu et expliqué, sur les dispo-sitions qui précèdent, qu'il suffisait pour que l'ac-tion rédhibitoire fût accueillie, que les symptômes de la maladie se fussent déclarés et que l'action eût été formée dans les délais, alors même que la mort ne serait survenue que postérieurement à l'expiration de ces délais. — Duvergier, *Coll. des lois*, notes.)

— 3° Pour l'*espèce ovine*, la clavelée (cette maladie, reconnue chez un seul animal, entraînera la rédhibition de tout le troupeau. Mais la rédhibition n'aura lieu que si le troupeau porte la marque du vendeur) ; — *le sang de rate* (cette maladie n'entraînera la rédhibition du troupeau qu'autant que, dans le délai de la garantie, la perte constatée s'élèvera au quinzième au moins des animaux achetés). — Dans ce dernier cas, la rédhibition n'aura également lieu que si le troupeau porte la marque du vendeur (1).

VIGNES (2).

— Archets.. — Dagues ou courants. — *V.* Archets.

— Bail verbal. — Durée.

— Art. 1774 du Code civil. « Le bail à ferme d'un pré, d'une vigne et de tout autre fonds dont les fruits se recueillent en entier dans le cours de l'année, est censé fait pour un an.

— Béchage. — Les vignes doivent être béchées au plus tard le 20 mai.

M. L. — Thouarcé.

---

(1) La loi du 20 mai 1838 dispose d'une manière *limitative ;* aussi a-t-il été jugé que les maladies contagieuses auxquelles la loi n'attribue pas le caractère de vices rédhibitoires, ne donnant pas à l'acheteur de bestiaux qui en sont atteints le droit de faire résoudre la vente, ne lui confèrent pas, par suite, celui d'intenter une action en dommages-intérêts contre le vendeur, alors d'ailleurs qu'il n'est point établi que des manœuvres frauduleuses aient été employées par ce dernier.

(2) La culture de la vigne s'est beaucoup améliorée depuis quinze ans ; et ce serait contrarier ses progrès que d'imposer rigoureusement aux vignerons les prescriptions de nos commissions cantonales

Cependant, comme nous ne faisons point un traité d'agriculture, nous les énumérons toutes scrupuleusement.

— Ceps morts. — Le fermier ou vigneron est obligé de les remplacer, s'il est impossible de les provigner.

M. L. — Angers S.-E., Ponts-de-Cé, 40 ; St-Georges, 66.

— Les vieux ceps doivent être renouvelés par des provins.

M. L. — Baugé.

— Ils doivent être remplacés par le fermier sortant.

M. L. — Doué, Montreuil-Bellay.

— Chapeau. — **Entretien.** — Dans les vignes en pente, l'entretien du chapeau incombe au propriétaire supérieur.

M. L. — Thouarcé.

— Chevalage. — Façon qui consiste à labourer avec un pic, entre deux rangs de vigne, plus profondément qu'à l'ordinaire. Elle se fait avant le déchaussage.

— Cette façon de vigne n'est pas généralement donnée par tous les propriétaires, mais elle est très-utile à la vigne.

M. L. — St-Georges, 58.

— Culture (Mode de). — Les vignes sont cultivées en planches bombées, plus ou moins larges, suivant le degré d'humidité ou d'inclinaison du sol, et qui sont séparées les unes des autres par des raises.

M. L. — St-Georges, 54.

— Débourage (Epoque du). — Se pratique après la taille.

M. L. — Montreuil-Bellay.

— Déchaussage (Epoque du). — En mars.

M. L. — Angers N. O., Champtoceaux, 38 ; St-Florent, 43 ; Montrevault, Segré, 100 ; Seiches.

— Du 15 février au 15 mars. — *M. L.* — Angers S. E.

— Du 1er mars au 25 mai. — *M. L.* — Chalonnes, 37.

— En mars et en avril. — *M. L.* — St-Georges, 58 ; Ponts-de-Cé, 40.

— De fin de mars au 25 mai. — *M. L.* — Briollay.

— **Ebourgeonnement**, où **Epouillage**, ou **Pliure**. — **Définition**. — Façon qui consiste à enlever tous les jets qui ne sont pas sur l'arcure..

M. L. — Durtal, 191.

— **(Epoque de l')**. — En juin.

M. L. — Angers N.O., Chalonnes, 37; Ségré (1),100; Vihiers. *M.* — Châteaugontier (1).

— En mai, après le béchage.

M. L. — Angers S. E., Montreuil-Bellay.

— Du 25 mai au 25 juin. — *M. L.* — St-Georges, 58.

— Au plus tard, lors du second labour.

M. L. — Durtal, 191.

— **Effouillage (Epoque de l')**. — Se pratique en juin.

M. L. — Ponts-de-Cé, 40.

— **Ejavouillage**. — **Définition**. — Façon qui consiste à enlever les branches poussées sur le pied du cep, inutiles et attirantes. C'est la quatrième façon.

M. L. — Beaufort.

— **Entretien**. — *V.* **Obligations du fermier**.

— **Epoumonage (Epoque de l')**. — Vers le mois de juin. (Second binage des vignes.)

M. L. — Seiches.

---

(1) Cette époque n'est pas rigoureusement suivie.

— **Façons** (1)—Epoques.—*V.* Béchage, chevalage, debourage, déchaussage, ébourgeonnement, effouillage, époumonage, labour, rabattage, râclage, sarclage, taille.

— **Prix**. — Les vignes sont cultivées, à prix d'argent, à raison de 45 à 50 fr. par hectare, non compris le chevalage qui se paie 15 fr. en sus, ou moyennant la concession d'une propriété d'un revenu équivalent aux façons annuelles.

Le vigneron, dans ce cas, a droit au sarment et aux herbes qui poussent dans les vignes.

M. L, — St-Georges, 61, 62 et 63.

— **Fermier** sortant. — Dans l'année de recours, le sortant n'a aucun droit sur les produits de la vigne.

M. L. — St-Florent, 29.

— **Fossés** (Dimension des). — Les fossés qui entourent les vignes doivent avoir 70 centimètres de largeur sur 50 centimètres de profondeur.

M. L. — Angers S. E.

— **Fumure.** — Les vignes doivent être fumées tous les cinq ans, avant le premier juillet.

M. L. — Montfaucon.

— Avec les terreaux recueillis dans les vignes.

M. — Châteaugontier, 86.

---

(1) Le *vigneron façonnier* ou *tâcher* doit suivre, pour *tous* les détails de la culture, les indications du propriétaire à peine de dommages-intérêts fixés par expert.

Si le propriétaire n'a pas pris la précaution de faire signer un engagement détaillé par son vigneron, celui-ci doit suivre l'usage du pays et, dans le cas de négligence, d'avance ou de retard et d'abus quelconques, il paiera le préjudice causé au propriétaire.

M. L. et *M.* — Tous les cantons vignobles.

— Grappillage. — Est permis lorsque les vendanges sont terminées.

M. L. — St-Georges, 65.

— Haies (Coupe des). — Les haies entourant les vignes doivent être coupées tous les cinq ans.

M. L. — St-Georges, 56 ; Montfaucon.

— Tous les trois ans.

M. L. — Briollay.
M. — Châteaugontier, 87.

— Herbes. — Celles qui poussent dans les vignes sont arrachées par les vignerons à façon, à leur profit, mais ils ne peuvent les faire pacager sur place par leurs bestiaux.

M. L. — St-Georges, 63.

— Labour. — Epoque. — Le premier labour se fait du 20 novembre à fin mars.

— Lé deuxième labour du 25 mai au 10 juillet.

M. — Châteaugontier, 86.

— Le premier labour, *au croc,* se fait du 20 novembre à fin mars.

— Le deuxième, *à la tranche,* du 25 mai au 24 juin.

M. L. — Durtal, 189.

— Obligations du fermier. — 1º Tenir les vignes en bon état.

2º Exécuter les façons prescrites par une bonne culture en temps et saisons convenables.

3º Les rendre bien plantées.

M. L. et *M.* — Tous les cantons vignobles.

— Pannes. — Fossés destinés à retenir les terres et sables entraînés par les eaux pluviales.

— Tout propriétaire a le droit d'en creuser sur son terrain, à la charge de laisser, du côté du sol voisin, une sabotée de 15 à 18 centimètres.

M. L. — St-Georges, 57.

— **Plant.** — **Fourniture.** — Le fermier doit planter des ceps dans les endroits vides où il ne peut provigner.

— Le plant est fourni par le propriétaire.

M. L. — St-Georges, 66.

— **Interdiction de faire du plant.** — Il est interdit au fermier d'une vigne de faire du plant sans le consentement du propriétaire.

M. L. — Durtal, 194.

— **Plantation.** — **Distances à observer.** — Entre le dernier rang et le sentier commun, la vigne se plante à 1 mètre du centre du sentier commun; pour les rangs verticaux, la distance est de 1 mètre 66.

M. L. — St-Georges, 55.

Entre le dernier rang et le terrain voisin, 50 cent.

M. L. — Beaufort, Gennes, Thouarcé (1).

— 84 centimètres.

M. L. — Vihiers (excepté les communes de Tigné et Aubigné, où la distance n'est que de 66 centimètres).

— 83 centimètres s'il s'agit de ceps de vigne ordinaire; 1 mètre, s'il s'agit de treilles.

M. L. — Doué, Saumur S.

— **Provins.** — **Fumure.** — Les provins doivent être fumés.

M. L. et M. — Tous les cantons vignobles.

---

(1) Si le terrain voisin est déjà planté en vignes.

— *Fourniture des engrais.* — Dans les vignes données à ferme, les engrais sont fournis par le propriétaire.

M. L. — St-Georges, 66.

— *Quantité d'engrais.* — Un panier de terreau par fosse de provins.

M. L. — Angers S. E.

— La quantité de terreau n'est pas déterminée.

M. L. — Beaufort, Durtal, 193 ; Seiches.

M. — Châteaugontier, 86.

— **Nombre** des provins. — On doit faire chaque année quinze fosses de provins, à trois branches, par 16 ares 48 centiares.

M. L. — Angers S. E.

— 100 provins par hectare. — *M. L.* — Angers N. E.

— 70 ou 75 provins par hectare — *M. L.* — Beaufort.

— 10 provins par 15 ares. — *M. L.* — Noyant, Seiches.

— Huit fosses de provins par 7 ares, chacune d'elles contenant trois plants. (Les fosses doivent mesurer 50 centimètres de profondeur sur 70 centimètres de largeur.)

M. — Châteaugontier, 86.

— Une fosse et demie par are, contenant de deux à quatre plants, espacés entre eux de 30 centimètres.

M. L. — Angers, 193.

— **Quartier.** — Mesure de superficie employée pour les vignes.

— Le quartier équivaut à 40 ares.

M. L. — St-Georges, 60 (1).

V. **Mesures.**

---

(1) Par exception, à Savennières, le quartier n'est que de 33 ares 33 centiares.

— Rabattage, repassage. — Epoque. — En mai.

M. L. — Angers S. E., 97; Champtoceaux, 38; Montrevault.

— Pendant les mois de mai et juin.
M. L. — Ponts-de-Cé, 40.

— Du 25 mai au 1er juillet. — *M. L.* — St-Georges, 58.

— Avant le 24 juin. — *M. L.* — Thouarcé.

— Avant le 25 juin. — *M. L.* — Chalonnes, 37.

— A la fin de juin ou dans les premiers jours de juillet.
M. L. — Noyant, Seiches.

— Du 1er juin au 15 juillet. — *M. L.* — Briollay.

— Raclage (Epoque du). — Au mois d'août, lorsque cette opération est nécessaire.
M. L. — Angers S. E.

— Raizes. — Curage.

— Les raizes doivent être curées chaque année avant le 1er janvier.
M. L. — Durtal, 192.

— Ouverture.

— En mars ou en avril.
M. L. — Angers N.-E.

— Depuis les vendanges jusqu'à la taille. (Si les raises sont pratiquées à la limite de deux vignes, chacun des propriétaires riverains doit rejeter de son côté moitié de la raize.)
M. L. — St-Georges, 58.

— En janvier, avec même observation que ci-dessus.
M. L. — Ponts-de-Cé, 40.

—Rigoles ou rouères. — Curage.

— Il se fait en hiver. — *M. L.* — Montreuil-Bellay.

— Au mois de décembre. — *M. L.* — Briollay.

— Avant le 22 janvier. — *M. L.* — Thouarcé.

— Si les rigoles sont creusées entre deux planches de vignes appartenant à des propriétaires différents, le curage est fait à frais communs par les propriétaires riverains.

M. L. — Durtal, 59.

— Sarclage.

— Cette façon n'est pas impérieusement prescrite. Elle s'effectue en juin. On doit une journée par vingt ares.

M. — Châteaugontier, 96.

— Les vignes doivent être sarclées deux fois par an, en mai et en août. On doit y consacrer une journée par seize ares et demie ou quartier

M. L. — Briollay.

— Sarment. — Bois provenant de la taille de la vigne.

— **Propriété.** — Le sarment est abandonné aux vignerons à façons.

M. L. — St-Georges, 63.

— Souches mortes. — Le fermier d'une vigne doit remplacer les souches mortes. *V.* **Provins.**

M. L. — Tous les cantons vignobles.

— Cependant le fermier n'est pas passible d'indemnité pour n'avoir pas satisfait à cette obligation, s'il ne manque que deux cent vingt-cinq pieds par hectare.

M. L. — Champtoceaux, 38 ; Montrevault.

Taille à long bois ou à l'épi.

— Elle consiste à laisser à chaque branche plus de deux boutons ou nœuds par tête.

— Elle est autorisée dans les cantons suivants.

M. L. — Chalonnes, 37 (1); Montreuil-Bellay (2); Noyant (3), Seiches (3); C^nes de Nueil et Tancoigné (canton de Vihiers).

— Elle est défendue dans les cantons suivants :

M. L. — Angers N.-O., S.-E., 97; Beaufort, Briollay, Durtal, 190; St-Georges, 66; Segré, 100; Vihiers (excepté Neuil-Tancoigné).

M. — Châteaugontier, 86.

— Dans ces divers cantons on taille à deux nœuds, en laissant un ou deux bourgeons par tête, suivant la force du cep.

— **Epoque de la taille à long bois.**

— En février et mars. — *M. L.* — Montreuil-Bellay.

— Du 15 décembre au 1er mars.

M. L. — Chalonnes, 37.

— **Taille à court bois.** — **Epoque** (de la).

— En janvier ou février. — *M. L.* — Angers S.-E.

— Elle doit être terminée le 31 mars.

M. L. — St-Georges, 58 ; Thouarcé.

— Elle se fait en mars.

M. L. — Champtoceaux, 8 ; Montrevault.

— Du 1er février au 15 avril. — *M. L.* — Briollay.

---

(1) On laisse deux ou trois nœuds par tête.

(2) On laisse un court bois de deux à trois nœuds; un long bois de sept à huit nœuds pour le vin blanc de neuf à dix nœuds pour le vin rouge.

(3) On laisse trois nœuds par tête.

— Du 1er mars au 15 avril.

M. — Châteaugontier, 86.

— Elle doit être terminée le 25 avril.

M. L. — Durtal, 189.

— **Taillis** (Coupe des).

— Les taillis qui avoisinent les vignes doivent être abattus tous les cinq ans.

M. L. — St-Georges, 56.

— **Travaux en retard.** — **Indemnité.** — Le propriétaire a droit à des dommages-intérêts contre le fermier ou le vigneron à façon qui n'a pas exécuté ses travaux en temps voulu.

M. L. — Thouarcé.

— L'indemnité est réglée à l'amiable ou par le juge de paix en cas de contestations.

M. L. — Thouarcé.

— **VIGNERON** (Prélèvement du). — Il est accordé aux vignerons trois hectolitres quarante-cinq litres de vin par hectare.

M. L. — Montreuil-Bellay.

V. **Façons.**

— **VIN.** — **Prix de fabrication.** — Le propriétaire paie 3 francs par barrique de 2 hectolitres 30 litres au vigneron qui fait le vin.

M. L. — Angers N. E.

— **WELTE.** — Mesure usitée dans le canton de Saint-Georges, pour les vins.

— 30 weltes valent 230 litres.

M. L. — St-Georges, 67.

V. **Mesures.**

VISITE et **MONTRÉE.** — *V.* **Etat des lieux** et dommages-intérêts.

VITRES. — **Entretien.** — A la charge du fermier, à moins qu'elles ne soient brisées par grèle ou accident de force majeure.

M. L. et *M.* — Tous les cantons.

— Si elles sont enchâssées dans le plomb et qu'il soit usé par vétusté, la réparation est à la charge du propriétaire.

M. L. — Beaufort, Noyant, Seiches.

VIVIER. — **Curage.** — *V.* **Abreuvoir.**

VOLAILLES (col. part.). — Elles sont *toutes* partagées par moitié.

M. L. — Angers N.-O., St-Florent, 38 ; Segré, 70 ; Vihiers, 54.

M. — Châteaugontier, 6 ; Ernée, 41 ; Laval, 74.

— Elles appartiennent exclusivement au fermier.

M. L. — Chemillé, 74 ; Louroux, 59.

Id... Sauf les oies, qui se partagent.

M. — Gorron, Mayenne.

VUES sur la propriété du voisin. — Nous croyons utile de reproduire, à défaut d'usage, les règles du Code civil.

— Art. 675. « L'un des voisins ne peut, sans le consentement de l'autre, pratiquer dans le mur mitoyen aucune fenêtre ou ouverture, en quelque manière que ce soit, même à verre dormant.

— 676. Le propriétaire d'un mur non mitoyen joignant immédiatement l'héritage d'autrui, peut pratiquer dans ce mur des jours ou fenêtres à fer maillé et verre dormant.

Ces fenêtres doivent être garnies d'un treillis de fer, dont les mailles auront un décimètre d'ouverture au plus, et d'un châssis à verre dormant.

— 677. Ces fenêtres ou jours ne peuvent être établis qu'à vingt-six décimètres (neuf pieds) au dessus du plancher ou sol de la chambre qu'on veut éclairer si c'est à rez-de-chaussée, et à dix-neuf décimètres (six pieds) pour les étages supérieurs.

— 678. On ne peut avoir des vues droites ou fenêtres d'aspect, ni balcons ou autres semblables saillies sur l'héritage clos ou non clos de son voisin, s'il n'y a dix-neuf décimètres de distances entre le mur où on les pratique et ledit héritage.

— 679. On ne peut avoir des vues par côté ou obliques sur le même héritage, s'il n'y a six décimètres (deux pieds) de distance.

— 680. La distance dont il est parlé dans les deux articles précédents, se compte depuis le parement extérieur du mur où l'ouverture se fait, et, s'il y a balcons ou autres semblables saillies, depuis leur ligne extérieure jusqu'à la ligne de séparation des deux propriétés. »

FIN DES USAGES

DES DÉPARTEMENTS DE MAINE-ET-LOIRE ET DE LA MAYENNE.

TABLE ANALYTIQUE

DES

M. MATIÈRES CONTENUES DANS LA PREMIÈRE PARTIE

MAINE-ET-LOIRE ET MAYENNE.

16

16.

17

Angers, imp. E. Barassé.

www.ingramcontent.com/pod-product-compliance
Lightning Source LLC
Chambersburg PA
CBHW061551080726
47597CB00002BA/449